Tennessee Williams
Hollywoodba megy
avagy a drama és film dialógusa

DRAGON ZOLTÁN

ISBN: 978-963-89514-4-1

Eredeti kiadás e-könyv formátumban:

AMERICANA eBooks

ebooks.americanaejournal.hu

DRAGON ZOLTÁN

Dragon Zoltán szakmai munkássága fontos szerepet tölt be a magyar filmtudományi életben, mivel jelenleg ő a pszichoanalitikus filmelméleti irányzat legjelesebb hazai képviselője. Előtte Magyarországon a filmelméletben a pszichoanalízisnek inkább csak a korábbi, strukturalizmushoz kötődő válfaját alkalmazták, ő kezdte el a tágabb értelemben vett filmtudományi életben is megismertetni Lacan és követőinek elméleteit. Jelen kötete is ezt az elméleti hátteret használja fel egy másik problémakör, az adaptáció kérdéseinek újragondolására. Az adaptációkat hagyományosan a hűségelven alapuló és a film médiumát elkerülhetetlenül alacsonyabbrendűnek feltüntető textuális megközelítéssel vizsgálták, ehhez képest az intermediális megközelítések a két médium egyenrangúságát és kölcsönös egymásra hatását próbálják leírni. Ez utóbbi elméleti irányzatba emel be Dragon megközelítése egy új elemet a pszichoanalitikus fogalmak beépítésével, sőt, egy teljesen új terminust is bevezet, a mediális törés fogalmát, mellyel a két médium közötti egymásrahatások terét kívánja leírni.
Vajdovich Györgyi, Eötvös Lóránd Tudományegyetem

Dragon Zoltán nemcsak kitűnő alkalmazását nyújtja a különféle műfajokat egyszerre megszólító komparatív interpretációs módszertannak, hanem sikeresen helyezi új elméleti megvilágításba a medialitással foglalkozó legújabb kritikai diszkurzusok számos kérdésfelvetését vagy problémáját. A szakirodalommal több helyen polemizálva új kritikai terminust vezet be a dráma és a film mediális párbeszédének értelmezéséhez, és a mediális törés fogalmán keresztül mindkét médium megértését előbbre viszi.
Kiss Attila, Szegedi Tudományegyetem

Külön kiemelném a könyv egy olyan értelmezési technikáját, amelyet a pszichoanalízis és művészet kapcsolatában abszolút fontos hangsúlyozni. A pszichoanalitikus kritika gyakran elkövette és elköveti azt a hibát, hogy a mű értelmezése helyett a szerző lelkét boncolgatja, és ezzel redukálja a művet. Lacan a Poe-novella elemzésével egykor érvényes példát mutatott arra, hogy a mű a belső egy bizonyos strukturálódását prezentálja, háromszögekkel mutatta meg, hogy a novellában hogyan ismétlődnek az emberi önteremtő kapcsoltok az elveszett levél sorsához kapcsolva. Dragon Zoltán interpretációiban újra és újra felbukkannak ezek a tanulságos háromszögek, a személyek és tárgyak rendszerei, olyan struktúrák, amelyek a benső kidolgozásának, felépítésének a szerkezeteit jelenítik meg. Dragon Zoltán könyve kitűnő munka, komoly, önálló kutatási eredmény, mely nemcsak a magyar, de a nemzetközi kutatásban is karakterisztikus, újszerű megközelítést hoz.
Bókay Antal, Pécsi Tudományegyetem.

TARTALOM

I. FILM, IRODALOM, ADAPTÁCIÓ

Bár az irodalmi művek filmes adaptációja egyidős magával a filmmel mint médiummal, kritikai, illetve elméleti vizsgálata és recepciója csupán a huszadik század közepén vette kezdetét. 1896-ban, nem egészen egy évvel azt követően, hogy a Lumière-fivérek bemutatták első kisfilmjeiket a párizsi Grand Caféban, már öt irodalmi adaptáció keletkezéséről tudunk, amelyek száma az 1910-es évek végére már háromezer körül mozgott úgy, hogy egyes szerzők évente négyszer is a filmkészítők látóterébe kerültek, illetve egyes művek akár tíz-tizenöt megfilmesítést is elértek (Domonkos 2010). Bár az irodalmi művek filmes adaptációja kellő táptalajt nyújtott sokak számára a kritikai kommentárra egyes megfilmesítések esetén, az első, kifejezetten filmadaptációval foglalkozó, tudományos igényű összefoglaló munka George Bluestone nevéhez fűződik, aki *Novels into Film* című kötetében elsősorban a film – és természetesen az adaptáció – kulturális és mediális jelentősége mellett igyekszik érvelni annak érdekében, hogy kritikai vizsgálatának legitim tárgyaként definiálja a mozgókép intézményét. Az angolszász egyetemeken Bluestone-t követően elsősorban az angol szakok oktatói és kutatói kezdtek el szisztematikusan filmadaptációval foglalkozni, aminek eredményeként az elméleti diskurzus mind a mai napig magán viseli néhány irodalomelméleti irányzat alapvető meglátásainak és metodológiai megfontolásainak jegyeit, valamint sajnálatos módon rögzült az irodalmi művek hierarchikus előnye a fiatalnak számító, szórakoztatóipari médiumnak vélt filmmel szemben. Mint ahogyan Graeme Turner (1993), Imelda Whelehan (Whelehan 1999, 17), Robert B. Ray (Ray 2000, 44-45) vagy Mireia Aragay (Aragay 2005, 11) is rámutat, a filmadaptáció diskurzusa és terminológiája abból táplálkozott, hogy az irodalmi mű egységes, jól körülhatárolható, zárt egység, melynek jelentését a papírra vetett szavak őrzik, arra várva, hogy az olvasó kibontsa és megértse azt. Ray szerint a szerző-istenség által megfogalmazottak szent és megváltoztathatatlan

1

szövegként kerülnek az olvasó elé, ami kifejezetten ellenséges viszonyulást jelez bármiféle „fordítással" vagy adaptációval szemben.[1] Tulajdonképpen ez a meglátás vált az adaptáció kritikájának domináns megközelítésmódjának alapjává is, hiszen az úgynevezett „hűségkritika" kiindulópontja az „eredeti szöveg", a stabil, megváltoztathatatlan és megkérdőjelezhetetlen jelentés és üzenet hivatkozási pontja, amely minden esetben és minőségben elsődleges bármiféle adaptációhoz képest. Az elsődlegesség így egyszerre időben, térben és esztétikai értékben is megjelenik.

Ray intézményes hátteret kutató írásából jól látszik, hogy a Bluestone által megkezdett úton haladt tovább a filmadaptációval foglalkozó, elsősorban tehát irodalomelméletből táplálkozó elméleti és kritikai diskurzus. Ebből következően, intézményi beágyazottságának folyományaként, a vizsgálatok többnyire klasszikus vagy modern francia, illetve angolszász regényekre, és azok filmadaptációira összpontosítottak.[2] A filmes formanyelv beható ismerete, illetve a mai értelemben vett filmelméleti diskurzív gazdagság híján az összehasonlítás és összevetés (*compare and contrast*) eljárása szilárdult metodológiává, amelyet napjainkban hűségkritikai megközelítésként ismerünk. Ez a módszertan leginkább a deskriptív jellegű, az irodalmi mű (regény) és az adaptáció (elbeszélő játékfilm) különbségeit sorra vevő, majd az irodalmi mű jellegzetességeit és jellemzőit a filmverzión számon kérő kritikai diskurzust alapozta meg, amely mind a mai napig uralkodó megközelítésként jelenik meg nem csupán magazinok és népszerűbb filmkritikai periodikák oldalain, de tudományos igényű publikációk hasábjain is.

Furcsamód az adaptáció elméleti háttere nem sokat változott a filmelmélet 1960-as, 1970-es évekre datálódó akadémiai intézményesülését,

---

[1] Ray 2000, 45. Meg kell jegyezni, hogy Ray sok esetben tévesen az újkritikának rója fel ezeket a pontokat, számos újkritikai meglátás és erőfeszítés ugyanis éppen ezen álláspontok és berögződések ellenében fogalmazódott meg. Közülük talán a legismertebb elméleti megnyilvánulás a fentiekkel kapcsolatosan a W. K. Wimsatt és Monroe Beardsley által megfogalmazott, „a szándék téveszméjeként" ismert tétel, mely szerint „a szerző alkotását meghatározó élmények és szándékok pusztán történeti érdekességgel bírnak, és [...] semmilyen módon nem szabják meg művének jelentését, hatását vagy szerepét." (Jefferson és Robey 1995, 93.) Ennek megfelelően nem osztom Ray kirohanásait az újkritika ellen, mindazonáltal az irodalomelmélet filmadaptációs diskurzusára tett megjegyzései, és a diskurzusnak az adaptációelméletre gyakorolt hosszú távú hatásáról tett megállapításai helytállónak bizonyulnak.

[2] Francia kontextusban a klasszikus adaptációk (*cinéma de qualité*) a fiatal nemzedéknek meglehetősen elitistának, nehézkesnek tűntek, nem véletlen, hogy az új hullám jeles képviselője, François Truffaut a „papa mozijának" hívta őket. (Cristian és Dragon 2008, 65.)

illetve a megannyi posztstrukturalista irányzat megjelenését követően, annak ellenére sem, hogy az 1970-es évektől kezdődően valóságos forradalom zajlott le elméleti-kritikai téren a filmtudományban. Európai viszonylatban sem sikerült alternatív megközelítéseket kidolgozni – pedig a kontinentális európai elméleti színteret hagyományosan kevéssé befolyásolta a Ray által bűnbaknak kikiáltott angolszász, főként amerikai újkritika. Alapvetően két fő elméleti irányvonalról beszélhetünk: egyikük továbbra is az irodalomelméleti háttérből táplálkozva, azzal folyamatosan dialogizálva építkezett a filmes diskurzusban, míg a másik vonal – a médiumspecifikáció elvére alapozva – egyre inkább saját nyelvezetet és metodológiát sürgetett, a film elméletének konszolidálásának érdekében. Előbbi elméleti vonalhoz tartoznak a pszichoanalitikus (Christian Metz), a narratológiai (Noel Burch, Roland Barthes), a feminista (Laura Mulvey, Kaja Silverman), és a szemiotikai (Stephen Heath) elméleti munkák, míg utóbbi ötvözte a filozófiai (Noel Carroll), a neo-formalista narratológiai (David Bordwell) és a kognitív pszichológiai (Joseph és Barbara Anderson) meglátásokat. A két, mind a mai napig markánsan elkülönülő trend közül nyilvánvaló irodalmi kapcsolódása révén az első, posztstrukturalista alapokon nyugvó elméleti irányultság az, amely több figyelmet szentel az adaptáció kérdésének. Azonban – irodalomelméleti törekvéseinek nagymértékben ellentmondva – meglehetősen kis számban fordulnak elő olyan munkák, amelyek szakítanak a hűségkritikai elvekkel; még annak ellenére is, hogy olyan releváns elméleti fogalmakkal dolgoznak, mint például a Julia Kristeva által bevezetett, Mihail Mihajlovics Bahtyin dialogizmus fogalmában gyökerező „intertextualitás" (Kristeva 1996, 19) – vagy ha kimondva szakítanak is, módszertanukban, mondanivalójukban mégis felfedezhetőek és dominánsak a hűségkritika premisszái.

Az irodalomelméletből táplálkozó irányvonal által kijelölt megközelítések terén James Naremore szerint Bluestone könyvének megjelenését követően két út nyílt meg az adaptáció elmélete és kritikája előtt, amely tulajdonképpen két metaforának feleltethető meg: az egyik, kifejezetten Bluestone-hoz kapcsolódó irány szerint az adaptáció csupán az irodalmi mű „fordítása"; a másik, inkább a szerzői elméletekből táplálkozó megközelítés szerint viszont az adaptáció egyfajta előadás, színrevitel, illetve performansz (Naremore 2000, 8). Naremore arra mutat rá, hogy egyik megközelítés sem túlságosan szerencsés, minthogy a fordítás esetében az irodalmi kánon felsőbbrendűsége érvényesül, a film természete, formai sajátossága pedig meglehetősen esszencialista formában jelenik meg; a másik esetben pedig a filmes szerző, az *auteur* személyes aurája kerekedik felül, és a vizsgálat a kreatív megoldások személyes indíttatására, illetve a művekben fellelhető sémák és stílus-, illetve kézjegyek felvonultatására és elemzésére koncentrál (ibid.). Mindezekkel a megközelítésekkel és meglátásokkal szemben a gyakorlat azonban nem egyoldalú és egyirányú kapcsolatot feltételez irodalom és film között. Az egyik legeklatánsabb példa erre Naremore olvasatában amerikai viszonylatban John Dos Passos *USA*-trilógiája, mely azt követően született, hogy a szerző találkozott Szergej Mihajlovics Eizensteinnel, majd tanulmányozta a szovjet montázselméletet (5).[3]

A filmadaptáció kérdése tehát a gyakorlatban egyáltalán nem feltétlenül fordítás vagy színrevitel, sokkal inkább valamiféle kölcsönhatás a két médium között: mediális különbségek mentén történő oda-visszautalás, amely a néző olvasatában realizálódik jelentésként, ha szemiotikai oldalról közelítjük meg a kérdést. Rainer Werner Fassbinder egyenesen odáig megy, hogy megfordítja a kérdést, és azt állítja, nem szabad engedni, hogy az adaptáció csupán másodlagos kijelentési forma legyen például egy irodalmi műhöz képest: éppen ellenkezőleg, meg kell kérdőjeleznie, fel kell forgatnia mind magát a szöveget, mind az irodalmi nyelvezetet (Fassbinder 1992, 168). A német rendező ezen meglátásához kapcsolódik Naremore azon javaslata, mely szerint a jelenkori adaptációról folyó diskurzusokat – legyenek azok bármely irányultságúak is a fentiek közül – szükségszerű kiegészíteni egyrészt az intertextualitás, másrészt pedig a Bahtyin nevéhez fűződő dialogizmus fogalmaival, amelyek nem csupán túllépnek a hűségkritika alapvető fogalomtárán, de képesek kezelni az adaptációban résztvevő (irodalmi és filmes) szövegek egymásra gyakorolt kölcsönhatását is (Naremore 2000, 12). Bahtyin dialogizmussal kapcsolatos meglátásait Robert Stam adaptálta a filmelmélet kontextusára, azonban – amint azt jelen tanulmányom bemutatja – a medialitás kérdéskörét még ez az elméleti megújulás is csak részlegesen érinti. A dialogikus megközelítéshez kapcsolódóan fontos és termékeny meglátásnak bizonyulnak André Gaudreault és Philippe Marion megjegyzései is, amelyek arra utalnak, hogy az adaptációelmélet kulcsa a *médiagénie*, a medialitás problematikájának maximális szem előtt tartása (Gaudreault és Marion 2004, 58-70). Erre a kortárs elméleti vonulatra alapozva indítványozom tanulmányomban a dialogizmus és a medialitás kérdéskörének egyidejű figyelembevételét filmadaptációk vizsgálatánál, mely megközelítést az *intermediális dialógus* elnevezés alatt kívánom kifejteni és bemutatni.

Irodalom és film párbeszédének ipari vonatkozásaira utalva Naremore érdekes módon külön kiemeli néhány amerikai író és drámaíró szerepét Hollywooddal kapcsolatban, megemlítve, hogy a stúdiókorszakban az adaptációk az írók filmiparban történő foglalkoztatásával virágkorukat élték, ám furcsamód szerinte az egyetlen említésre méltó drámaíró Eugene O'Neill volt ebben a tekintetben (Naremore 2000, 4) – sem Arthur Miller (aki ráadásul még színészként is feltűnt néhány esetben), sem Tennessee Williams neve nem került be azok közé, akik tevékenységük révén

---

[3] A szovjet montázselméletről lásd: Cristian és Dragon 2008, 23-25.

valamiféleképpen dialógust teremtettek dráma és film között. Ez annak tükrében meglehetősen különös hiátus, hogy Williams mind a mai napig a leggyakrabban adaptált amerikai drámaírók egyike – jelentősebb műveinek mindegyike több adaptált változatban jelent már meg, és jelenik meg folyamatosan, akár mozifilm, akár televíziós film formájában.

Jelen tanulmány Tennessee Williams munkásságát hívja segítségül azért, hogy rámutasson a jól láthatóan stagnáló elméleti-kritikai diskurzus problémáira, amelyek napjainkban is jellemzik és meghatározzák az adaptáció tudományos helyét és recepcióját. A problémák azonosítását követően a rendelkezésre álló, releváns elméleti keretek működtetésével, a felmerülő kérdéseket gyakorlati példák segítségével új megvilágításba helyezve egy produktív, mind a filmelmélet, mind pedig az irodalomelmélet számára hasznos értelmezési lehetőséget (vagy még inkább, lehetőségeket) kívánok felmutatni, valamint Williams műveinek vizsgálatán keresztül kijelölni egy rugalmas elméleti-kritikai metodológia kereteit.

Williams soha nem csinált titkot abból, hogy meglehetősen elégedetlen volt a drámáiból készült filmadaptációkkal, mi több, némelyik esetében kifejezetten sajnálta, hogy vászonra került, és legszívesebben majdnem mindegyiket újraforgattatta volna (Philips 1980, 36). Hiába szőtte bele szövegeibe a mozit mint a valóságból való menekülés szentélyét – egészen explicit módon például az *Üvegfigurák*ban (1944), ahol színpadtechnikai, illetve reprezentációs mechanizmust érintő újításként jelenik meg a film –, hiába élvezte a filmiparbeli megbecsültsége révén érkező anyagi biztonságot, hiába vett maga is részt számos adaptációban, filmes munkásságát, illetve a színművei alapján készült adaptációkat, bármily sikeresnek bizonyultak is, ő maga a kezdetektől fogva meglehetősen negatívan ítélte meg. Amint azt 1976-ban a cannes-i filmfesztivál zsűrijének elnökeként elárulta, drámáinak filmadaptációiról kifejezetten kínosnak tartja nyilatkozni, hiszen valójában egyetlen olyan filmet sem tudna kiemelni a rekord mennyiségű megvalósítás közül, amellyel maradéktalanul elégedett lehetne, vagy csupán megközelítené azt a szerzői elképzelést, világot, amelyet a drámákban próbált kifejezésre juttatni – csak „szükségtelenül sértegetné" a filmkészítőket véleménye kifejtésével (34-35).

Williams gyermekkora óta a mozi bűvöletében élt, majd karrierjét is meghatározta ez a vonzódás: dolgozott álomgyári alkalmazottként még a stúdiókorszakban, majd számos színműbe építette bele a mozit akár tematikai, akár technikai szinten, később pedig szinte mindegyik drámája vászonra is került – hol valamilyen szintű részvételével, hol nélküle. Ennél fogva Tennessee Williams munkássága minden aspektusában kapcsolódik a filmhez mint médiumhoz, így az *oeuvre* igazi intermediális korpusz, amely nem pusztán szövegi szinten, de reprezentációs technikai oldalról is szofisztikált összefüggéseket és összefonódásokat produkál. Szerzői személyessége, munkássága, de az egyes művek, illetve azok keletkezéstörténete, majd későbbi adaptációja már önmagában is antitézise a jelenkori adaptációs elméleti és kritikai diskurzus alapvető metodológiájának és elveinek, aminek következtében műveinek vizsgálata dráma és film viszonylatában új megközelítési módot követel meg.

A jelen tanulmányban bevezetésre kerülő *mediális törés* fogalma, és az ebből építkező intermediális dialógus adekvát megközelítési mód egy alapvetően intermediális életmű jellegzetes darabjainak vizsgálatához, hiszen képes legitim elméleti keretet biztosítani az elemzés tárgyának bonyolult mediális összetettségének értelmezéséhez. Ugyanakkor ez a dialogikus értelmezési keret kellőképpen rugalmas kritikai eszköz a művek és adaptációik sokszínűségének, illetve változatosságának nyomon követéséhez, konzisztens, pragmatikus alapokon nyugvó interpretációjához. A dialogikus megközelítés nem vindikálja a kizárólagos értelmezés jogát: arra koncentrál, ahogyan a vizsgált, különböző mediális alapokon nyugvó alkotások egymáshoz való viszonyukat valamilyen módon kifejezik – éppen ez a kifejezésmód vagy reprezentációs technika és mechanizmus az, aminek feltárása és magyarázata a célja. A tanulmány első részében ennek az elméleti körvonalait szándékozom vázolni, mindezt azonban szoros összefüggésben Williams adaptációival, valamint konkrét kiindulópontot felhasználva, amelyet ennek megfelelően olyan adaptációs stratégia eredményezett, amelyet a továbbiakban adaptációs modellként fogok bemutatni. Az elméleti és kritikai meglátások így konkrét Williams-adaptációkban fellelhető mediális törésekből táplálkoznak, ami biztosíték arra, hogy a teoretikus metatextus nem kerekedik a vizsgálat tárgya fölé: épp ellenkezőleg, sokkal inkább résztvevője és induktora a kibontakozó intermediális dialógusnak.

II. AZ ADAPTÁCIÓ ELMÉLETI ÉS KRITIKAI KONSTRUKCIÓI

II. 1. BEVEZETŐ

Egy csontváz jelenik meg a Joseph L. Mankiewicz által rendezett *Múlt nyáron, hirtelen* (*Suddenly Last Summer*, 1959) című filmben. A film Tennessee Williams azonos címet viselő drámája alapján készült, mégpedig Gore Vidal és maga Williams adaptációjaként. A filmben feltűnő csontváz nincs jelen a „forrásszövegben", és filmbéli jelenléte is inkább egyfajta hiány-manifesztáció: senki sem veszi észre, pedig jelentős helyeken és pillanatokban válik láthatóvá, ráadásul olyan környezetben, amely nyilvánvalóan heterogén saját létezéséhez képest. Kísérteties jelenlétté válik, ami látszólag jelentéktelennek tűnő probléma is lehetne, ám alapvetően forgatja fel mind a film reprezentációs mechanizmusát, mind pedig a dráma filmes adaptációjáról vallott nézeteket. A dráma filmadaptációjának kérdését ugyanis a legtöbb filmkritikus teljesen problémamentesnek, sőt, magától értetődőnek, mi több, egyenesen „természetesnek"[4] látja.

A csontváz ott, akkor, és úgy jelenik meg, ahol, amikor, és ahogyan nem lenne szabad megjelennie – legalábbis az uralkodó adaptációelméleti nézetek szerint. Megjelenése ugyanis érvényteleníti a hűségkritika értékelvű kategóriáit, mivel – mint ahogyan azt az elemzés bizonyítani fogja – nyíltan rámutat egy olyan áthágásra, mely nem csupán két szöveg között hoz létre egy szakadékot, hiszen ereje sokkal radikálisabb: két médium áthágásaként egy mediális törés tárul a néző szeme elé.

A mediális törés elnevezés bevezetésével azt a virtuális törésvonalat kívánom jelölni, amely az egyes médiumok specifikumai által megszabott határon történő áthágás következtében jön létre. Amikor irodalom és film kapcsolódik össze az adaptáció ürügyén, akkor két teljesen különböző specifikum-halmaz találkozik, melyek dialógust alakítanak ki egymással. E dialógus csakis a mediális határok áthágása révén alakulhat ki, de ugyanezen áthágásból táplálkozva működhet eredményesen. A két (vagy több) mű így egy különleges, mediális határokon átívelő túllépő intertextuális kapcsolatba kerül egymással, melyek ütközőpontja, vagyis a mediális törés virtuális vonala, egyfajta intermediális térként értelmezhető.

Azonban mind a reprezentáció ideológiájának (itt elsősorban a klasszikus hollywoodi elbeszélés narratív és reprezentációs konstrukciójára gondolok), mind pedig az adaptáció elméleti-kritikai intézményének az az alapvető érdeke, hogy ez a törés el legyen fedve. Az elfedés gyökerei egészen a filmtörténet keletkezési pontjáig nyúlnak vissza, hiszen a film mint művészeti ág (a hetedik művészet) státuszát csak az irodalom segítségével vívhatta ki. Nem csoda, hogy a bevezetőben említett példákon túl maguk a Lumière-fivérek, akik nem elbeszélőfilmes formanyelvi megoldásaikról voltak híresek, már 1897-ben filmre vitték a krisztusi szenvedéstörténetet. Az irodalmi adaptációk célja az volt, hogy a népes középosztályt meggyőzzék, tartalmas és kultúrált időtöltés a mozi, nem holmi vásári bűvészmutatvány, mely csupán a technológiai invenció ürügyén hódít.

---

[4] Egy markáns példa: Susan Hayward filmelméleti kézikönyvében három adaptációtípust különít el, melyek közül a dráma filmadaptációjáról azért nem ejt egyetlen szót sem, mert véleménye szerint (ami kanonizált vélemény) ez a transzpozíció „marad a leghűségesebb az eredeti szöveghez", ezért nem érdemes róla értekezni (Hayward 2000, 4). Bár Hayward alapvetően posztstrukturalista szemléletből közelítve magyarázza a filmelmélet terminológiáját, itt az értékelvű, erősen ideológiai töltetű, még napjainkban is domináns megközelítésként alkalmazott hűségkritika elveit visszhangozza.

Azóta az irodalom és a film kapcsolata üzleti fogássá vált, az adaptációra egy egész üzletág szakosodott: gondoljunk csak a regények eladásának hirtelen megugrására a filmváltozat bemutatását követően, vagy az úgynevezett *film tie-in*, azaz a film regényadaptációjának megjelenésére. Ezek a könyvek (melyekből a piaci igényeknek megfelelően egyre több születik) furcsa mutánsok: nem filmek, de nem is regények, hiszen a két forma kifejezésmódját próbálják ötvözni az egyik technikájával. Nem filmek, hiszen a film alapvető sajátossága hiányzik belőlük, mégis a film elbeszélői takarékosságát igyekeznek adaptálni. Nem is regények, hiszen a regény műfajának néhány alapvető jellemzőjét iktatják ki annak érdekében, hogy fenntartsák a film pergésének – egyébként utánozhatatlan – gyorsaságát és egyediségét. A filmben egy kép elég a leíráshoz, a regényben a leírás alapossága hozza létre a képet: a *film tie-in* jelenségében e kettőt próbálják ötvözni, ami meglehetősen esetlennek tűnik mindkét médiumhoz képest. Természetesen nyilvánvaló, hogy ezek a kötetek csupán azért jönnek létre, hogy a film iránti érdeklődést fenntartsák: szerepük pusztán piaci, semmiképpen nem esztétikai.

Visszatérve a csontváz megjelenésére a *Múlt nyáron, hirtelen* című filmben, illetve annak elméleti és értelmezési implikációira, felvetődik a kérdés, hogy ha az ideológia elfedési mechanizmusa eleddig hatékonyan működött, hogyan kerül a látható regiszterbe az a kísérteties (*unheimlich*) tárgy, mely paradox módon nincs jelen saját eredeténél? Már amennyiben „eredetről" vagy „forrásról" lehet beszélni az adaptáció esetében: ez egy olyan pont, amit a tanulmány igyekszik dekonstruálni – éppen a csontváz trópusán keresztül. Mit *jelent* tehát a kísérteties csontváz *jelen*-léte? Valóban jelenlétről van itt szó, vagy csupán *jelenés*ről? Amennyiben jelenésről, miféle jelenés ez, és honnan ered, mi a célja?

Jelen tanulmány arra tesz kísérletet, hogy meghaladja a mára megkövült ideológiává vált, értékelvi alapokon nyugvó hűségkritikai gyakorlatot az adaptáció területén. Az elemzés célja többrétű. A gyakorlati cél annak bizonyítása, hogy az adaptáció és az alapjául szolgáló szöveg a mediális törés miatt szimultán vannak jelen, ami egy olyan intertextuális és intermediális teret feltételez, melyben lehetőség nyílik a két szöveg dialóguson keresztül történő elemzésére.[5] Erre épül az elméleti cél, amely nem pusztán az, hogy láthatóvá váljon a hűségkritika ideológiai predetermináltsága, és hogy rávilágítson az adaptációkritika zsákutcáira, hanem az, hogy valós alternatívát nyújtson az adaptációk elemzéséhez. Ennek érdekében nem az a

---

[5] A dialógus fogalma Mihail Mihajlovics Bahtyintól származik, eredeti kifejtését lásd: Bahtyin 1976. Különös tekintettel: „A népi neveléskultúra és a groteszk" (303-350), valamint a „Dosztojevszkij poétikájának problémái" (29-215) című tanulmányok. A későbbiekben részletesebben is bemutatom, milyen szerepe van a dialogizmusnak az intermedialitással karöltve az adaptációs vizsgálatokban.

cél, hogy csak egyik vagy másik tudományág eredményeire hivatkozva, vagy azokat kizárólagosan alkalmazva egy rigorózus rendszer alakuljon ki az elemzés végére. Sokkal inkább az, hogy egy olyan rugalmas elméleti keret alapjai szülessenek meg, amely az adott gyakorlati elemzés és értelmezés problémáit a lehető legmesszebbmenőkig képes adaptálni.

Első lépésként az adaptáció elméleti és kritikai területét vizsgálom, különös tekintettel azokra a pontokra, melyek a hűségkritika alappilléreinek számítanak. Ebben a részben taglalom azokat a hiányosságokat is, amelyek a dráma és a film közötti lehetséges dialógust problémamentesnek tettetik, illetve elfedik, rámutatva ezzel a mediális törés fogalmának jelentőségére és szerepére. Itt kitérek majd a dráma és a színház, illetve a színház és a film közötti hasonlóságokra és különbségekre is, továbbá azokra a nézetekre, melyek ezeket vagy túlhangsúlyozták, vagy teljességgel elfeledték. Mindez azt a célt szolgálja, hogy az általam felvázolandó, az adaptációt értelmező kritikai alternatíva helyét a lehető legpontosabban jelöljem ki.

Ezt követően a csontváz elméleti és reprezentációs jelenlétére koncentrálok. Ez a rész adja meg tulajdonképpen az elméleti alternatíva részletes bemutatását, kisebb-nagyobb gyakorlati referenciákkal alátámasztva. A csontváz formációját a reprezentáció és az elmélet magjaként kezelve azt fogom tanulmányozni, hogy ez a mag hogyan jelenik meg a különböző burkokon keresztül (legyen az a burok elméleti vagy reprezentációs), és hogy megjelenése, vagy éppen radikális hiánya miként befolyásolja a nézői, illetve az olvasói befogadást és megértést.

Az elméleti megfogalmazást követi a gyakorlat: elsőként Tennessee Williams *Múlt nyáron, hirtelen* (1958) című drámáját, illetve filmjét elemzem az elmélet által kijelölt eszközökkel és az általa meghatározott módon, hogy bemutassam a későbbiekben alkalmazni kívánt adaptációs stratégiát, illetve modellt. Ennek kezdő lépéseként témaválasztásom indoklom meg, vagyis azt, hogy miért Tennessee Williamset választottam tanulmányom tárgyaként. Itt rámutatok Williams munkásságának jelentőségére mind a drámairodalom, mind pedig a filmtörténet vetületében. Williams művei ugyanis nem csupán egyik vagy másik területen jelentettek és jelentenek a mai napig kiemelkedő sikert és művészi elismertséget, de pályája – e két terület összefüggései nyomán – már önmagában az adaptáció problematikájának előtérbe helyezéseként is felfogható, szerzői személyessége így akár dráma és film dialógusának szimbóluma is lehet.

Ezt követően a *Múlt nyáron, hirtelen* adaptációjának vizsgálata során két példán keresztül illusztrálom elméleti felvetéseimet. Az egyik maga a csontváz vizuális jelenlétére koncentrál, a másik pedig egy verbális megnyilvánulásra, mely az adaptáció során szintén vizualizálódik. A csontváz a *Múlt nyáron, hirtelen* vizuális regiszterében egy eleve elveszett test helyettesítőjeként, Képzetes másikjaként van jelen, tehát a funkciója az, hogy egy strukturális hiányra hívja fel a figyelmet. Ez a hiány (vagyis a láthatatlan) érdekes módon a kép (vagyis a látható) megszületésének és jelenlétének a feltétele, vagyis a reprezentáció e köré a hiány köré szerveződik. A szó szoros és átvitt értelmében is *inkorporálódott* elveszett (vagy még inkább *eltűnő*) test tehát nem saját képében tér vissza a film szövegébe, még akkor sem, amikor eltűnésének története képileg is megelevenedik: egy kísérteties test érkezik a diegézisbe helyette, mely bizarr mivoltával együtt is csakis a néző számára válik láthatóvá. Ez a jelenés nem található meg a dráma szövegében, tehát az adaptáció folyamatának áthágási aktusa során keletkezhetett, így nem csupán a diegetikus testre utal, hanem egyúttal a dráma és a film közötti mediális törésre is.

A verbális megnyilvánulás példája is hasonlóképpen működik, bár iránya éppen az iménti példa fordítottja: itt a dráma szövegében lévő jelenlétből keletkezik hiány a filmben. Egyetlen mondatról van szó, amely a drámában szokatlanul hangsúlyosan szerepel, a filmben pedig egy ugró vágás (*jump cut*) vési be radikális hiányát. A vágás oly expliciten utal a hiányzó cezúrára, hogy azon nyomban a dráma szövegéhez utal – ezzel megteremtve a két médium dialógusának talaját. E két példán keresztül tehát oda-vissza, a dialógus mindkét oldaláról nézve is rámutatok a mediális törés jelenlétére, és az intermediális tér dialógust posztuláló kapacitására. Tulajdonképpen e törés konok jelenléte ad lehetőséget az adaptáció dialóguson alapuló elemzésére.

Ezt követően három csoportra osztva tárgyalom az intermediális dialógus lehetőségeit a Williams-adaptációk tükrében. Az első csoportba azokat az adaptációkat sorolom, amelyeknek adaptációs stratégiája kifejezetten hasonlatos mind vizuális, mind pedig verbális szinten a *Múlt nyáron, hirtelen* esetében feltártakhoz. Ide tartozik *A vágy villamosa*, a *Macska a forró bádogtetőn*, *Az ifjúság édes madara*, és *Az iguána éjszakája*. A vizsgálat igyekszik rámutatni az adaptációs közösségre, arra a közös nevezőre, amely valamiképpen ideológiai és filmformai modellként határozta meg a filmkészítők eljárásait az adaptálás során. Az elemzésekben nem csupán az adott dráma és film dialógusára koncentrálok: helyet kap az intertextuális háló minden érintett szövegkorpusza, valamint rámutatok a filmtörténeti kapcsolatok relevanciájára is – így alakul ki az intermediális dialógus gyakorlata.

A második csoportban két olyan adaptáció esetét tárgyalom, melyek némileg különböző módon kerültek vászonra: éppen a keletkezéstörténetük, és így a szövegekben megnyilvánuló mediális törések, illetve ezek filmes hatásai kerülnek előtérbe. A *Baby Doll* és az *Üvegfigurák* már szövegi mivoltukban is érvénytelenítik és felülírják a hűségkritika alapelveit, ennek megfelelően önmagukban is garanciái az intermedialitásnak – olyan furcsa, kísérteteisnek is mondható meglátásokra koncentrálok, amelyek alapján kimondható, hogy a drámai szövegek létrejötte már *a priori* kondicionálva voltak a filmi reprezentációs mechanizmus által, vagyis a drámák már azelőtt filmes kifejezésmóddal és eszköztárral rendelkeztek, mielőtt a tényleges adaptáció megtörtént volna.

A harmadik alfejezet voltaképpen egyetlen adaptációt boncolgat: a *Tavasz Rómában* Williams kisregénye, amely így nem illik a drámák sorába, azonban amint azt az elemzés bizonyítani fogja, mégis sokkal inkább támaszkodik dráma és film dialógusából eredeztethető adaptációs stratégiai eljárásokra, mint azokra, melyek regény és film összevetéséhez a közös narratív alapot veszik kiindulásként. Ebben az értelemben ez a fejezet túl is mutat a Williams-adaptációk tematikáján, hiszen a jelenkori adaptációelmélet legfrekventáltabb kérdéskörét értelmezi át, és mutat rá új interpretációs lehetőségekre. A fejezet abban a tekintetben is fontos adalék az adaptációelmélet kontextusában, hogy felfedi a mediális törést a narratíva transzformációjában is, így teremtve további lehetőségeket az intermediális dialogizmus számára.

Jelen tanulmánynak nem célja, hogy minden létező Williams-adaptációt elemezzen – lehetetlen vállalkozás is lenne, hiszen művei megszámlálhatatlan mediális közegben és verzióban jelennek meg mind a mai napig. A vizsgálat azokra az adaptációkra koncentrál, amelyek kifejezetten hollywoodi közegben készültek, valamint az intermediális dialógus egy-egy kitüntetett pontjára világítanak rá azáltal, hogy olyan mediális törést produkálnak, melyek később, más adaptációkban is előfordulnak. Ezen okokból maradnak ki a televíziós adaptációk: bár némelyikük hollywoodi stílusban készült, befogadás és szerkesztés szempontjából sem felelnek meg minden tekintetben annak, amit klasszikus hollywoodi elbeszélésként ismerünk. Sok esetben ráadásul a televíziós megvalósítások nem mások, mint kamerával rögzített színpadi bemutatók, vagy magukon viselik a filmre vett színház jegyeit, ami teljességgel ellentmond a hollywoodi filmformának.

Számos kifejezetten hollywoodi produkció is kimarad a vizsgálatból,[6] amire két indokom is van. Egyrészt azért marad ki néhányuk, hogy kerüljem a szükségtelen ismétléseket: a tanulmány célja bemutatni egy olyan alternatív megközelítési módot, amely a mediális törés és az intermediális dialógus fogalmait működtetve újszerű metodológiát vonultat fel a filmadaptációk vizsgálatához, nem pedig egy életmű filmes megnyilvánulásának hiánytalan dokumentálása. Több esetben is előfordul ugyanis, hogy az intermediális dialógus során feltárható elfedési mechanizmusok ugyanazon szövegi

---

[6] A következő filmekre utalok elsősorban: *The Rose Tattoo* (1955, r: James Wong Howe), *Orfeusz alászáll* (*The Fugitive Kind*, 1960, r: Sidney Lumet), *Summer and Smoke* (1961, r: Peter Glenville), *Amíg összeszoknak* (*Period of Adjustment*, 1962, r: George Roy Hill), *Ez a ház bontásra vár* (*This Property Is Condemned*, 1966, r: James Wong Howe), *Boom!* (1968, r: Joseph Losey), *The Last of the Mobile Hot-shots* (1969, r: Sidney Lumet). Ezen túlmenően lásd a *Függelék*ben listázott filmeket.

tüneteket produkálják, ugyanabban a formában, mint valamelyik elemzett példa, így új eredménnyel nem szolgáltak volna a metódus tekintetében, valamint nem világítottak volna rá olyan újabb és különlegesebb intermediális kapcsolatokra, amelyekre a kiválasztott adaptációk valamelyikének vizsgálata ne mutatott volna rá adott esetben meggyőzőbben, látványosabban. Másrészt pedig fontosnak tartottam illeszkedni a Williams-adaptációkkal foglalkozó nemzetközi szakirodalomban jelentős alkotásokként számon tartott adaptációk elemzéséhez, amivel az volt a célom, hogy ezek tükrében is erősítsem megközelítésem újszerűségének bemutatását.

A kiválasztott adaptációk így tulajdonképpen két oldalról világítják meg az elméleti részben vázolandó feltevéseimet: vagy eltérő módon megjelenítve, ám majdnem minden ponton reprodukálják a *Múlt nyáron, hirtelen* adaptációs modelljét, vagy radikálisan más eredőből kiindulva mutatják be a megközelítés lehetőségeit – próbára téve az elméleti-kritikai diskurzus rugalmasságát is. Az adaptációk válogatásánál külön figyelmet fordítottam arra, hogy a felszínen eltérőnek látszó adaptációk között az intermediális dialógus egyik aspektusaként feltárjam a filmek közti intertextuális kapcsolatrendszert is, így összefogva az első ránézésre különböző filmadaptációk értelmezési tartományát.

A végül kimaradt adaptációk természetesen könnyűszerrel besorolhatók egyik vagy másik csoportba, ám az adaptációs stratégia, illetve modell valamint az elmélet és az interpretációs metodológia szempontjából nem tudtak olyan nóvummal szolgálni, mely indokolttá tette volna, hogy külön fejezetet szánjak mindegyikőjüknek. Ezen túlmenően nem célom egy mindent lefedő, minden Williams-adaptációt számba vevő monográfia létrehozása: mint ahogyan azt a későbbiekben Williams kisregényének segítségével jelzem is, az itt felállítandó interpretációs modell más szerzői kontextusokban és mediális összefüggésekben történő relevanciáját igyekszem előrevetíteni.

II. 2. KRITIKAI-ELMÉLETI ELFEDÉSEK

Az első kérdés, amit a csontvázként megjelenő, furcsa, kísérteties test (vagy a szigorúan vett élő test hiányát jelölő „volt-test") felvet, az valójában saját eredete: hogy hol, és miből született meg. A kérdés azért alapvető, mert az „eredetként" aposztrofálható drámai szövegben nincs nyoma, vagyis Valós hiányként (nem) jelenik meg. Miből született hát? Ha nem a drámából, akkor a dráma és a film különbségéből, vagyis abból a szakadékból, mely nem csupán film és irodalom, hanem dráma és elbeszélés között is tátong? Az adaptáció áthágási aktusaként létrejövő mediális törés „küldöttjéről" van szó? Egy „kísértetről", aki valami titkot hordoz, mint Hamlet apjának szelleme? Miféle titokról lehet szó, és mi lehet a viszonya a töréshez?

Előfeltevésem az, hogy mivel a csontváz eredete nem lokalizálható az *Ur*-szövegben, így a furcsa és meglehetősen bizarr test egyfajta jelölő: az intermedialitás jelölője, mely az adaptáció mint áthágási aktus eredménye, vagy még inkább annak vizuális, képzetes (lacani értelemben véve is, tehát Képzetes), illetve *spektrális* hozadéka. Maga az áthágás Michel Foucault szerint „egy olyan mozdulat, amely a korlátra irányul; itt, ezen a vékony vonalon tűnik fel villámfényszerűen, s talán mutatkozik meg pályájának íve is a maga teljességében, sőt még az eredete is" (Foucault 1996, 11). Ez a megfogalmazás rávilágít az áthágás pillanatának alapvetően Képzetes, illetve képi minőségére, illetve arra, hogy „villámfényszerű" megmutatkozása tulajdonképpen az eredetét is feltárja. A csontváz esetében úgy tűnik, hogy mint képi jelenés vagy spektrális hozadék, saját eredetére hívja fel a figyelmet, mely azonban nem a szigorú értelemben vett „forrásszöveg".

A csontváz tehát nem csupán Képzetes hozadéka a mediális törésnek, hanem el is fedi ezt a törést. A Jacques Lacan francia pszichoanalitikus által felállított elméleti rendszerben ez az *objet petit a* formulával jelölt tárgy, amelynek természete Képzetes, de a Valós helyén áll, a Valós Szimbolikusba történő behatolása által keletkezett törést takarja. Az *objet petit a* a Valós küldötte, a Képzetes formájában.[7] Mint ilyen, valóban egy kísérteties (*unheimlich*) tárgy, mely alapvetően egy hétköznapi tárgy, de strukturális helyzete és a szubjektum vágymechanizmusának következtében valamiféle különleges, megkülönböztetett státuszra emelkedik. Egyszerre idegen, furcsa és bizarr, valamint ismerős és vágyott. Sigmund Freud vezette be a kifejezést „A kísérteties" című írásában, ahol rámutat, hogy a szó eredetének és ellentétpárjának tekintett „*heimlich* szócska többféle jelentésárnyalata között van egy, ami saját ellentétével, az *unheimlich*-hel esik egybe. Ami egyszer *heimlich*-nek, másszor *unheimlich*-nek minősíthető" (Freud 2001, 250). Az *objet petit a* tehát az a tárgy, amely *unheimlich*, hiszen, mint a vágy tárgyi oka, ismerős, ám mégis a szubjektumon kívül van, elidegenedve, tehát az ismerőssége az ismeretlenségével párosul, mégpedig úgy, hogy egyidejűleg mindkettő.

Ebben az értelemben a csontváz megjelenése az ismerőst (a drámát) saját elidegenedettségében (a film) jelöli, mégpedig úgy, hogy a hiányt (a két médium közötti szakadékot) fedi el, ha mégoly esetlegesen is. Ez azt is jelenti, hogy a hűségkritika alapelveinek létjogosultsága megkérdőjeleződik, hiszen a kérdés immáron nem az, hogy a csontváz megjelenése „jobbá" teszi-e az adaptációt, hanem inkább az, hogy ez a jelenés „mit tesz" az adaptációval. A jelenés egy alternatív viszonyrendszert posztulál, hiszen eltörli az elsődlegesség és másodlagosság kategóriáit a szövegek tekintetében: eredete nem az adaptálandó dráma, de még az is kérdés, hogy a filmi szöveg annak tekinthető-e. Mindenesetre ez csakis úgy deríthető ki, ha a két szöveg „dialógusba" kezd, egy „harmadik", a néző/olvasó interpretációján keresztül. Ezáltal a mediális törés, mint az adaptációban rejtett titok, valójában a nézőben/olvasóban realizálódik a tudattalan szintjén. Ez az akaratlan „örökség" teszi kísérteriessé a csontváz megjelenését. Nem tudjuk, honnan érkezik, de nem érkezhet a drámából – hacsak nem saját hiányát jelöli.

Mint azt jeleztem, a csontváz megjelenése nem csupán a hűségkritika, de a mindmáig uralkodó, strukturalista beállítottságú adaptációkritika háromszintű kategóriarendszerét is szükségtelenné teszi. Eszerint a

---

[7] Lacan munkássága csak elszórtan olvasható magyar nyelven. Slavoj Žižek röviden így foglalja össze a három lacani rend meghatározását: „Lacan a következő szinteket különítette el: a *Valós* – az élettelen, pre-szimbolikus valóság, amely mindig visszatér a helyére – a *szimbolikus* rend –, mely a valóságról szerzett érzékeléseket strukturálja –, és végül a *Képzetes* – az illuzórikus entitások szintje, amelyek konzisztenciája egyfajta tükör-játék eredménye, azaz amelyek valódi létezés nélküli, pusztán strukturális hatások" (Žižek 1996, 203). Az *objet petit a* egy olyan Képzetes tárgy, mely a Valós maradványaként konstituálja és egyben elfedi a Valós áthágásának eredményeként megszülető hiányt. Más szóval: „tiszta üresség, amely a vágy tárgyi okaként funkcionál" (204), vagyis a vágy metonimikus, eltoláson alapuló mechanizmusát indítja el.

filmadaptációk a következő skatulyákba illeszthetők (ami alapján aztán értékük meghatározható):

1) *transzpozíció* – ide sorolják azokat a filmadaptációkat, melyekben alig észrevehető az adaptáló filmkészítő kézjegye, és a film a lehető legnagyobb hűséggel követi az eredeti szöveget.

2) *kommentár* – az eredeti szöveget helyenként átalakítva látjuk viszont, mely alakítások a filmkészítő értelmezői pozícióját hivatottak sejtetni anélkül, hogy az eredeti szöveget alapjaiban befolyásolnák.

3) *analógia* – ebben az esetben a film olyannyira eltér az eredeti szövegtől, hogy az tulajdonképpen már alig nevezhető adaptációnak, sokkal inkább egy másik művészeti ág irodalomra történő reflexiójának.[8]

Alapvető ellentmondást rögzít ez a séma: eddig arról volt szó, hogy a film művészetstátuszát az első kategória alapozná meg, mégis, a harmadik kategória ismerné el az adaptációt egy másik művészeti ág eredményének. További probléma következik abból, ami tulajdonképpen minden kategorizációs kísérletnél megjelenik: mi történik azokkal a filmekkel, amelyek áthágják a határokat? Vegyük például Francis Ford Coppola *Apokalipszis most* (1979) című filmjét. Első látásra szinte semmi köze sincs Joseph Conrad *A sötétség mélyén* című regényéhez, ezért a harmadik kategóriába kellene sorolnunk. Mégis, mintha követné Conrad elbeszélését, a nevek is jelen vannak, úgyhogy talán a második kategóriába tartozik, hiszen némileg hű marad a conradi szöveghez. A szöveghűséget éltető kritika nyilvánvalóan elítélné a filmet, a többiek azonban egyszerűen – a kategóriák alapján – nem találnának rajta fogást.

És vajon hová lehetne sorolni Anthony Minghella *Az angol beteg* (1996) című opuszát? Olyan mértékben rugaszkodik el Michael Ondaatje regényétől, hogy már-már azt mondhatnánk, semmi közük egymáshoz, mégis mintha tökéletesen azt kapnánk a filmtől, mint amit a regénytől. Az adaptáció során teljességgel megváltozott a kronológia, az elbeszélői fókusz, letisztultak az elbeszélés szintjei, és még a történet vége is átalakult. Érdekes módon azonban éppen a film hívta fel a figyelmet a könyv érdemeire, és még a hűségkritika sem intézett támadást a regényt majd' minden vonatkozásában átdolgozó, hollywoodi stílben prezentált produkció ellen.

Hová illeszthető a *Múlt nyáron, hirtelen* adaptációja? Követi a dráma cselekményének szálát – így alapvetően hű adaptáció. Eltér azonban számos ponton a megjelenítés tekintetében: a tér, amelyben a jelenetek kibontakoznak, megsokszorozódik, valamint a pusztán verbális visszaemlékezés, mely a drámai szöveg traumatikus magja, megelevenedik,

---

[8] A kategóriák kialakulásának történetét és a teljes ismertetőt lásd: McFarlane 1996, 10-11.

illetve képi formát ölt. Nem utolsó sorban egy szubjektív nézőpont is bevésődik a film textúrájába, mely úgy engedi látnunk a csontvázat, hogy közben teljes közömbösséggel átsiklik rajta. Walter Benjamin szerint ez az „optikai tudattalan" sajátossága: olyat is látni enged, ami puszta szemmel nem lenne látható (Benjamin 2000, 243; Benjamin 1968, 237). Végső soron tehát a kamera közbeiktatásának köszönhető, hogy a csontváz láthatóvá válik, és azt is feltételezhetjük, hogy a csontváz ezen közbeiktatásnak vagy bevésődésnek a képi hozadéka: az adaptációban keletkező törés traumatikus, Valós magjának a küldötte, mely megjelenésével kísérti a reprezentáció egészét, és retrospektíve magát a drámai szöveget is, minek következtében eltörli a temporalitás által szabott *valóságos* határokat. Lacan terminológiájával élve azt mondhatjuk, hogy a *valóság* Képzetes és Szimbolikus linearitását, ideologikus idilljét a *Valós* szakítja át: likvidálva a *valóság* logikáját, mely a paradoxonnak adja át a helyét.

Bizonyos szempontból itt ragadható meg igazán a mediális törés fogalma is. A drámában ugyanis nincs szigorú értelemben vett nézőpont, illetve az előírt „néző-pont" (amiből a néző láthat) nem szubjektív, és nincs a dráma szövegében jelölve. A néző, mint „negyedik fal", mint csendes, passzív megfigyelő – vagyis mint alapvető hiány jelöli a nézőpontot (ami így természetesen nincs is igazán). A film azonban a kameraszemen keresztül rögzül: egy nézőpont vésődik a szövegbe. Míg a drámánál, de főként a színháznál (ami persze már önmagában is adaptáció), száznyolcvan fokos térélményben lehet része a nézőnek, addig a film egy háromszázhatvan fokos teret igyekszik létrehozni. A szövegbevésés pillanata megvilágítja a mediális törést: az áthágás mint adaptációs aktus, leginkább a vizualitás terén hozott létre egy törésvonalat. Ahogyan azt Marvin Carlson megfogalmazta, az adaptáció folyamata tulajdonképpen átmenet egyik kifejező rendszerből egy másikba, mely fenomenológiailag különbözik tőle (Carlson 1998, 289). A fenomenológiai különbség a *Múlt nyáron, hirtelen* esetében a csontváz mint *fenomén*, azaz jelenség, jelenés.

A mediális törés egy másik vonatkozásáról is hallgat az adaptációelmélet, ez pedig nem pusztán a dráma és az elbeszélés különbözősége, hanem a dráma és a színpadi előadásé, ami legtöbbször összemosódik. Ilyen példa Martin Esslin *A dráma vetületei: hogyan hoznak létre jelentést a dráma jelei a színpadon és a filmvásznon, avagy a képernyőn* című tanulmánykötete. Esslin oly tágan értelmezi a dráma fogalmát, hogy az előbbiekben elemzett narratológiai meglátásokat meg sem említi: a szubjektív nézőpont, az elbeszélő beiktatása a szövegbe szerinte ugyanolyan drámai fogás, mint az arisztotelészi idő-tér-cselekmény hármas egysége. Szerinte dráma az írott szöveg, de ugyanolyan dráma az előadott is, mivel ugyanazon „központi mag" található meg mindkettőben, sőt, a dráma más vetületében is, mint amilyen szerinte a film, a televízió és a rádiójáték (Esslin 1998, 24). Az egyik alapvető probléma Esslin értekezésében nyilvánvalóan az, hogy nem vesz tudomást a reprezentációs mechanizmusok, illetve a különböző médiumok lényegi különbségeiről: így említésre sem méltatja azt a nüanszot, hogy a rádióban nincs képi reprezentáció. A másik probléma a definíciók hiánya: mindent egy drámai központi magra próbál visszavezetni, azonban egy mondat erejéig sem tisztázza e mag természetét. Talán ennek köszönhető, hogy néhány oldallal később az is kiderül, hogy ez a központi mag, amelynek ő strukturális jelentőséget tulajdonít, tulajdonképpen nem más, mint néhány drámai „elem" (30). Innentől fogva értelmezhetetlenné válik azon sarkalatos kijelentése is, miszerint „egy színpadi dráma filmváltozata, legyen az akár Pinter vagy Shakespeare műve, nyilvánvalóan még mindig dráma" (ibid.). Peter Brook, tapasztalt színházi és filmrendező nem így látja a dolgot: a saját rendezésű *Marat/Sade* előadását kellett filmre vinnie, ami számára csak úgy volt lehetséges, ha egy „tisztán filmes nyelvet" talál (Brook 2000, 224). Amint azt Patrice Pavis kommentálja:

> ez a film egyáltalán nem azzal a céllal követi a színpadi eseményeket, hogy beszámoljon a színházi reprezentációról. Éppen eléggé kidolgozott és autonóm a diszkurzusa, hogy elfedje a reprezentáció lehetséges emlékeit, amelyhez egyébként már hozzá sem férnénk, hiszen a játékot kifejezetten a kamera előtt, a színházi közönség tekintete nélkül játszották újra. (Pavis 2003, 102)

Brook filmje tehát már teljesen más, mint színpadi rendezése, ami azt implikálja, hogy a színpadi és a filmes reprezentációk nyelve teljességgel különbözik. Hasonló az eset dráma és színház vetületében is, hiszen az írott szöveg már alapjában más médium, mint a színpadon kibontakozó. Ez az, amit Esslin, és sok más elméletíró teljességgel figyelmen kívül hagy: a színpadi dráma már maga is drámaadaptáció. Jelen tanulmányom arra tesz kísérletet, hogy az Esslin által „drámainak" nevezett középponti magot keresse meg, és lehetőség szerint „törje fel" azzal a céllal, hogy tetten érje az intermedialitás fogalmát. Nem arra helyezem tehát a hangsúlyt, hogy miben egyforma dráma és film, hanem inkább arra, hogy különbségeik milyen produktív dialógust tárnak a néző/olvasó elé.

Mint az Brook gyakorlaton alapuló érveléséből kitűnik, jelentős különbségek találhatók a dráma mint színpadi, adaptált reprezentáció és a filmi reprezentáció között. Bár George Bluestone, Esslinnel szinte azonos kiindulópontból, szintén a két médium hasonlósága mellett érvel, mondván, hogy „a drámához hasonlóan a film is egy képi, verbális és hangzó médium, melyet egy nézőközönségnek mutatnak be" (Bluestone 1966, vii), úgy tűnik, ez a meglátás több szempontból sem tartható. Christian Metz éppen a reprezentáció módjának különbségét használja fel a színház és a film definiálásához, mondván, hogy maga a megjelenített mindkét esetben Képzetes, illetve imaginárius, de míg a színház esetében maga a megjelenítés valóságos, addig a film esetében ez is Képzetes, minthogy maga a megjelenített is már csupán valaminek a képe, „tükörkép" (Metz 1982, 67). Tulajdonképpen ugyanezen szétválasztás található meg Susan Sontagnál is, aki úgy látja, hogy a film már eleve tárgy, míg a színházi dráma mindig előadott, formálódó, mindig valami újat ad, sohasem idősödik (Sontag 1992, 370). Minden különbség ellenére Sontag úgy látja, hogy a film a színházból fejlődött ki, egy emancipációs folyamat eredményeként. Ez a folyamat négy részre osztható: emancipáció (1) a „színházi 'frontalitásból' (a mozdulatlan kamera, mely reprodukálja a színházi néző székéhez rögzített helyzetét)"; (2) „a színpadi játékból (szükségtelenül eltúlzott és stilizált gesztusok – szükségtelenül, hiszen a színész közelképben is látható)"; (3) „a színpadi berendezésből (a néző érzelmeinek felesleges „elidegenítése", annak a lehetőségnek az elvetése, hogy a nézőt a valóságba merítsék)"; és végül emancipáció (4) „a színpadi stázisból a filmi folytonosságba" (367). Theo van Doesburgot idézve Sontag szerint a film Bach azon álmának megvalósulása, hogy „a zenei kompozíció temporális struktúrájának optikai megfelelőt találjon" (364). Sontag arról sem feledkezik meg esszéjében, hogy a két médium térkompozíciójáról beszéljen. Eszerint míg a színház szükségképpen egy „logikus vagy *folytonos*" teret használ, a film képes egy „alogikus vagy *szakaszos*" tér létrehozására a vágás lehetősége miatt (367 – Kiemelés az eredetiben).

A dráma szövege mint irodalmi szöveg a legtöbb irodalomkritikus szerint alapvetően úgy tekinthető, mint amelyet előadásra szántak (Elam 1980, 208). Azonban éppígy tartható az az álláspont is, amely szerint az előadás tulajdonképpen behatárolja a drámát saját „artikulációjában". Keir Elam ebből azt a következtetést vonja le, hogy „a drámai szöveget előadhatósága radikálisan kondicionálja" (209). Ez annyit tesz, hogy az írott szövegnek szüksége van színpadi kontextualizációra ahhoz, hogy jelentést nyerjen. Amennyiben ezt elfogadjuk premisszaként, azt is el kell fogadnunk, hogy a megállapítás dráma és film kapcsolatára is érvényes. Innen már csak egy lépés, hogy belássuk Paola Gulli Pugliatti észrevételének jelentőségét ebben a kritikai kontextusban:

> a drámai szöveg kijelentésegységeit 'nem úgy kell tekintenünk, mint egy nyelvi szöveg egységeit, melyek *lefordíthatatlanok* színpadi gyakorlatra,' hanem mint 'nyelvi átiratai egy színpadi lehetőségnek, amely az írott szöveg motiváló ereje.' (ibid.)

Ha itt visszagondolunk a csontváz jelenésére, világossá válik, hogy éppen a drámában lévő hiánya teszi lehetségessé filmi megjelenését: vagyis az, hogy a filmben megjelenik, a drámai szövegben lévő hiányra hívja fel a figyelmet. A csontváz ebben az értelemben megalapozta a két szöveg közti dialógus lehetőségét, melyet az adaptációról folyó diskurzus az eredet „bűvöletében" (Eliade) és az értékítélettől elhomályosult, ideológiailag konstruált tekintettel teljességgel ignorált és lefedett.

A dialógus Mihail Bahtyintól származó fogalma eredetileg azt a szövegfelfogást jelentette, amely szerint minden egyes szöveg más szövegek találkozási pontja, vagyis egy adott szöveg sohasem csak és kizárólag önmaga, hanem eleve utal más szövegekre is, vagy táplálkozik azokból (például tudatos vagy tudattalan idézetek formájában). Ez a szövegfelfogás azt is jelenti, hogy a szöveg csak és kizárólag más szövegekkel együtt, mintegy dialógusban létezhet. A dialógus egészen pontosan egy kijelentés más kijelentésekhez való alapvető, szükségszerű, elengedhetetlen kapcsolatát jelenti (Stam 1992, 203). Ez a definíció a szöveget mint kijelentést interaktív entitásként kezeli, melynek így alapvetően jellegzetessége, sőt ontológiai feltétele az, hogy dialogizálnia kell más, valamilyen módon hozzá kapcsolódó szövegekkel. Ezen túlmenően bármilyen verbális (vagy non-verbális) kijelentéstétel „elkerülhetetlenül más, előző kijelentéstételek felé orientálódik, melyek ugyanazon szférában keletkeztek, származzanak bár egyazon vagy más szerzőtől" (Voloshinov 1986, 95). Ennek fényében egy dialogikus megközelítésnek jelen kontextusban figyelembe kell vennie több rendező, illetve filmkészítői csoport Tennessee Williams-adaptációját is annak érdekében, hogy a lehető legátfogóbb vizsgálatot tudja produkálni, amely rá világít a dialógus interaktív, intertextuális, illetve intermediális természetére, hogy eleddig feltáratlan interpretációs módozatokra hívja fel a figyelmet.

Ez a feltáratlan aspektus furcsamód már az eredeti bahtyini felfogásnak is inherens része. Erre a nem igazán idézett nüanszra Stam hívja fel a figyelmet:

> A dialogizmus nem csupán a relatíve durva vagy egyértelmű argumentáció formáiban utal egy szöveg, és annak másikjai kapcsolatára [...], hanem ennél sokkal szerteágazóbb és kifinomultabb módokon, amiknek a kimondatlan, illetve a kikövetkeztetni való dolgokhoz van közük. (Stam 1989, 14 – Saját fordítás)

A dialogizmus definíciójának ezen része egyértelműen hiányzik akár a Julia Kristeva által magyarázott intertextualitás, akár a Gérard Genette által bevezetett transztextualitás fogalmából. Ebben az értelemben véve míg a dialógus olyan hivatkozási hálóra mutat rá, melyet a szövegek nyilvánvalóan osztanak, így részesei annak, addig egyfajta elrejtő mechanizmusként is funkcionál. Pontosan ez a rejtett és elrejtő mechanizmus releváns a mediális törés tekintetében, mivel a törés nem más, mint egy intermediális tér betüremkedése a szövegbe, melyet a drámai, illetve a filmes reprezentációs mechanizmusok aztán a reprezentáció működésének biztosítása érdekében elfednek.

A filmelméletbe Stam vezette be a dialógus fogalmát, mégpedig kifejezetten az adaptációk vizsgálatára. Véleménye szerint a fogalom segít abban, hogy túllépjünk a szöveghűség apóriáin (Stam 2000, 64). Azonban sajnos Stam Gerard Genette intertextualitás-elméletéhez fordul, amikor konkrét szövegelemzési példákkal érvel a hűségkritika ellenében, és így (a *hiper-* és *hipotext* ellentétpár révén) tulajdonképpen megragad „forrásmű" és „adaptáció" kettősénél. Genette Kristeva intertextualitás definícióját kategóriákra bontva próbálja pontosítani a szövegek közötti lehetséges viszonyokat, és intertextualitás helyett összefoglaló néven *transztextualitás*ra módosítja Kristeva elnevezését (Genette 1996, 81).

Az *intertextualitás* immáron nem összefoglaló, tág megnevezés, hanem egészen konkrétan utal két szöveg explicit kapcsolatára, mely lehet akár idézet, akár utalás, illetve célzás, de még a plágium esete is idetartozik (81-82). A szövegek közötti második fajta kapcsolattípust Genette *paratextualitás*nak nevezi, mely tulajdonképpen a szöveg és a szöveget körülvevő fizikai keretek és megjelölések találkozása:

> cím, alcím, belső címek; előszók, utószók, bevezetők, elöljáró beszédek stb.; lapszéli, lapalji, hátsó jegyzetek; mottók; illusztrációk; mellékelt szórólap, címszalag, borító és számos más járulékos jel, sajátkezűleg vagy mások által bejegyezve, melyek a szövegnek egy (változó) környezetet teremtenek, sőt olykor kommentárt is, hivatalosat vagy félhivatalosat, amellyel a puristább és külső erudícióra kevésbé hajló olvasó nem rendelkezik olyan könnyen, mint szeretné, s ahogy azt állítja. (83)

Érdekes, hogy talán a paratextualitás közelebb állónak tűnik kapcsolati lehetőségei révén az eredeti, Bahtyin által megfogalmazott dialogizmus definícióhoz, amennyiben a szövegek médium, reprezentáció és fizikai korlátozás nélkül kapcsolódhatnak a „kijelentéstétel" fogalma alatt, teret adva ezzel egy intermediális értelmezési lehetőségnek is. Genette harmadik kategóriája a *metatextualitás*, amely kritikai viszonyt jelent szöveg és kommentárja között. A szövegek közötti kapcsolatok negyedik formája Genette számára a legfontosabb, amelyet a *hipertextus*nak nevez: ebbe a kategóriába tartozik minden olyan kapcsolat, amelyben egy „B" szöveg egy „A" szövegre fonódik valamilyen módon, amely azonban nem lehet kritikai kommentár jellegű. A „B" szöveg ebben a relációban a *hipertext* (ami nem összekeverendő a digitális kultúrában alkalmazott objektumokat összekapcsoló linkkel), aminek kronologikus elődje az „A" szöveg, vagyis a *hipotext* (84). Mint azt fentebb említettem, Stam a hipertextusban látja az intertextuális dialógus alkalmazási lehetőségét, ám jól látszik Genette definíciójából, hogy a szövegek ebben az esetben korántsem egyenrangú felekként vesznek részt az összevetésben: a temporális hierarchia révén „A" szöveg mindig is „eredetként", „origóként", „*Ur*-szövegként" irányítja az interpretációt akár implicit, akár explicit módon. Mindez azonban ellent

21

mond Bahtyin dialogizmusának, és – amint azt bizonyítani fogom – nem alkalmas például Tennessee Williams munkáinak és a munkákkal együtt tárgyalt filmadaptációk vizsgálatára. Az utolsó, ötödik szövegkapcsolati kategória az *architextualitás*, mely Genette meghatározása szerint „néma" kapcsolat, „amely legfeljebb egy tisztán rendszerbéli hovatartozásra utaló paratextuális jelzést ad" (85): ennek példája egy adott mű és a műfajilag hozzá kapcsolódó egyéb művek implicit relációja.

Bármennyire is sokrétű és részletes, mediális különbségekre is érzékeny Genette kategorizálása, a hierarchikus rétegződést nem képes hatástalanítani: sok esetben éppenséggel reprodukálja a hűségkritikai problematikát. Ha elfogadjuk, és következetesen komolyan vesszük a dialogizmusra vonatkozó eredeti bahtyini meglátást, akkor nem foghatunk bele egy elemzésbe előre felállított kategóriákkal, főképp akkor nem, ha azok magát a dialógust (a szövegek keresztutalásainak hálózatát) korlátozzák. Ha a forrás és adaptáció ellentétpárját alkalmazzuk, az eleve temporális és ideológiai hierarchiát feltételez, ami alapvetően behatárolja az elemzés lehetőségeit. Ezzel ellentétben a dialógus szövegeket aktivizál, hogy szimultán jelenléttel fedjék fel azokat a pontokat, amelyek egymást kölcsönösen működtetik. Egy irodalmi mű és annak filmes adaptációja esetén így teljesen mellékes, hogy melyik szöveg született előbb: egyszerre vannak jelen, és egymáson keresztül hatnak a nézőre – Bahtyin eredeti meglátását aktualizálva, egyfajta „hibrid konstrukcióként" megnyilvánulva (Stam 2005, 4). Williams kapcsán adekvátabb a dialógus elvét alkalmazni, hiszen szinte alig lehet olyan esetet említeni, mely során „egyszerű" adaptáció történt volna, ugyanis mire az adott dráma (és itt olyan jelentős alkotásokra kell gondolni, mint a már említett *Üvegfigurák* vagy a *Macska a forró bádogtetőn*, a *Baby Doll* vagy *Az iguána éjszakája*) megszületett, már többszörösen adaptált szöveg volt.[9] Felmerül tehát a kérdés: vajon milyen alapon nevezhetjük például a drámát a film kizárólagos forrásának? És vajon miért nem tekintjük a többi Williams-adaptációt forrásnak?

A dialógus fogalmát Stam után szabadon úgy használom, mint egy elméleti keretet, amely egy adott szöveg értelmezésében a legrugalmasabb eszköz ahhoz, hogy a szöveget potenciálisan formáló más szövegeket is bevonja az olvasatba. Ebbe persze az is belefér, hogy az a bizonyos szöveg visszafelé is formál: hiszen az értelmezésbe bevont szövegek is formálódnak az én eredetileg feltárni kívánt szövegem által. Minekután a fenti forgatókönyv egy aktív, állandóan formálódó intertextuális kapcsolatot ír le, kimondható, hogy mindkét szöveg (dráma és film) magában hordozza a másik jegyeit. Tulajdonképpen ez az intertextuális kapcsolat világít rá arra a problémára, amelyet a mediális törés és az intermedialitás terminusaival

---

[9] Ezekre a példákra és a drámák illetve az adaptációk keletkezésének történetére az egyes adaptációkra koncentráló fejezetekben térek ki részletesen.

jelölök tanulmányomban, és amelyek feltárása, feltérképezése az elemzés feladata. A két terminus bevezetésével azt a megfoghatatlan és lehetetlen teret és pillanatot kívánom definiálni, mely nem pusztán két szöveg közötti, hanem ennél jóval radikálisabb: két médium határának pillanatnyi áthágása.

A mediális törés és az intermediális dialógus fogalmait így együttesen, egymással szoros összefüggésben André Gaudreault és Philippe Marion azon meglátása alapján tartom fontosnak bevezetni az adaptációelmélet területére, miszerint az adaptáció alapvető kérdése nem textuális, hanem mediális, hiszen egy történet kifejeződése, megjelenése, illetve bárminemű adaptációja mindig a reprezentációs médium függvénye (Gaudreault és Marion 2004, 58). Minden a történet és a fizikai médium találkozásán áll vagy bukik, így az adaptációelmélet elsődleges területe a *médiagénie* (vagyis a médium-specifikum) eredőjéből táplálkozó intermedialitás, hiszen a mediális reprezentációs mechanizmusok alapvetően határozzák meg egy történet érvényesülését, hatásmechanizmusát, logikai és esztétikai vonatkozásait (66).

Az adaptáció kritikai diskurzusa éppen a fentiekben vázolt mediális törésvonalat fedi el, ezt teszi semmissé, pedig éppen innen kellene kiindulnia, ebből kellene táplálkoznia. A *Múlt nyáron, hirtelen* című filmben megjelenő csontváz, amit a tanulmány további elemzései más és más, de egyazon funkciójú entitással bővítenek, ha eleinte mégoly triviális feltételezésnek is tűnik, mégiscsak erre az elfedésre hívja fel a figyelmet, melynek folyományaként egy alternatív megközelítésmód kidolgozásának lehetősége nyílik meg. Tanulmányom ezt az értelmezési lehetőséget körvonalazza a továbbiakban.

II. 3. CSONTVÁZ AZ ELMÉLETBEN ÉS A
REPREZENTÁCIÓBAN

Az eddig emlegetett csontváz nem csupán a filmben jelenik meg, hanem néhány elméleti szövegben is. Ráadásul éppen a filmadaptáció kérdéskörében, mint első látásra furcsa, bizarr metafora – csakúgy, mint képi megtestesülése a film szövegében. Az alábbiakban az elméleti diskurzust a vizuális jelenséggel karöltve tárgyalom, amitől azt remélem, hogy megvilágítja a csontváz eredetét: vagyis leírja a mediális törés és az intermedialitás természetét. E tekintetben utalnék a W. J. T. Mitchell által az elmélet területén meghirdetett „képi fordulatra" (Mitchell 1994, 11-34; Szőnyi 2004, 182-191), mely arra világít rá, hogy korunk túlnyomórészt vizuális mindennapjaiban már nem elégséges a pusztán nyelvi alapokon nyugvó elmélet ahhoz, hogy urai legyünk a bennünket körülvevő kép-kavalkádnak. Annak érdekében, hogy ne a képek irányítsanak bennünket, szükség van arra, hogy a képek „nyelvén" tudjunk gondolkodni. Jelen esetben éppen a csontváz képe és metaforája az, ami felveti ennek a képi gondolkodásnak vagy egy kortárs „képelméletnek" a lehetőségét (ami persze nem feltétlenül egyezik meg a Mitchell által felvázolt keretekkel). Mindenesetre úgy tűnik, a csontváz esetében a kép diktálja az elméleti feltételeket.

Ahhoz azonban, hogy a csontvázról mint elméleti konstrukcióról és mint képzetről egyaránt és egyidejűleg tudjak beszélni, szükséges megemlíteni, hogy a képi megjelenítést „demetaforizációként" kezelem: ez adja meg ugyanis a kapcsolatot kép és elmélet diskurzusa között. A „demetaforizáció" Ábrahám Miklós és Török Mária magyar származású francia pszichoanalitikusok által bevezetett terminus, mely az átvitt értelem szószerinti értelmezését jelenti (Ábrahám és Török 1998b, 132). A demetaforizációt Ábrahám „jelentéstelenítésként" (*deszignifikáció*) értelmezi

(Ábrahám 1998, 302), amely a megértésben állít akadályt: törés keletkezik, vagy, ha lacani szemszögből nézzük, akkor a szimbolikus rendben működő jelölőlánc folytonossága egy pillanatra megszakad, és hiány keletkezik, vagyis a szimbólum hirtelen nem „működik". A jelentéstelenítés folyamán keletkező törés lényegileg meglehetősen hasonlatos a mediális töréshez: ott is két médium közötti szakadékról van szó (pl. dráma és film, elmélet és kép), amely feszültségéből táplálkozik a dialógus. Kijelenthető ezek után, hogy a csontváz a tanulmány és a tanulmány által vázolandó adaptációelméleti irány központi magja.

Ennek természetesen mind elméleti, mind reprezentációs szinten következményei vannak. Elméleti szinten, Lacan fogalmaival élve, a Szimbolikusban egy törés keletkezik, amely a Valós betörése. Ahhoz, hogy a Szimbolikus, vagyis a jelölő lánc tovább működjön, az szükséges, hogy a jelölők továbbra is átcsússzanak a jelöltön metonimikus egymásutániságukban (Lacan 1992, 149-159). Amennyiben ez biztosított – és ez minden esetben az, hiszen amikor a lánc mozgása leáll, az a halál pillanata – a törést az eltolások mozgása elfedi. Az elfedés azonban nem jelenti a törés betömését: nem szimbolizálhatóan, de jelen lesz a hiány, mégpedig kísérteteisként. Tulajdonképpen ez az elméleti szint vetíthető rá a reprezentáció szintjére is, hiszen a jelentéstelenítés ugyanúgy űrt hagy maga után: nem szimbólum jelenik meg (vagyis olyan jelölő, melynek jelölttel való kapcsolata jelentést hozhat létre), hanem egy „dolog", egy tárgy, mégpedig egy *objet petit a*: egy megfoghatatlan, szimbolizálhatatlan Valós, mely szó szerint (mintegy demetaforizálva) „képet ölt". Slavoj Žižek szerint az *objet petit a*-t a következőképpen ragadhatjuk meg: „Önmagára utaló mozgása során a jelölő nem zárt kört, hanem egy bizonyos űr körüli ellipszist ír le. S ahogyan az eredeti elvesztett tárgy bizonyos értelemben egybeesik önmaga elvesztésével, az *objet petit a* pontosan ezen űr megtestesülése" (Žižek 1996, 200). Csakúgy, mint az elmélet regiszterében, a törés/űr itt sem lesz betöltve: a jelenlét egy hiányt jelöl, mégpedig azt a hiányt, mely saját lehetetlen (azaz lokalizálhatatlan) eredete. Ez a lehetetlen eredet pedig maga a mediális töréskent meg(nem)jelenő intermediális tér.[10]

Ha az irodalmi szöveg, jelen esetben a drámai szöveg és a filmadaptáció *valóságos*, akkor a csontváz maga a *Valós*, vagyis az, ami ellenáll minden szimbolizációs kísérletnek, ami kísérti a reprezentációt és a reprezentációról folyó diskurzust is. A kamera bevésődése a szövegbe csupán a mediális

---

[10] Ez az intermediális tér nagyban hasonlít arra, ahogyan Gaudreault és Marion definiálják az adaptáció köztes terét, vagyis a történetnek azon állapotát, amikor egyik médiumhoz sem kapcsolódik. Mindazonáltal én tartózkodom attól, hogy valamiféle médium előtti történetként azonosítsam ennek a virtuális térnek a jelenlétét, sőt, attól is, hogy narratívaként kezeljem ezt a köztesszövegi létet. Lásd: Gaudreault és Marion 2004, 61.

törés által létrejött hiányra világít rá, de megjeleníteni csak Képzetesként tudja, azt is úgy, hogy a néző pillantása sohasem tudja megragadni, mindig csak utóképként, ami kíséri. Ez a Lacan által definiált „tekintet" logikája, ami elméletében meghatározó pontja vizuális térre vonatkozó megállapításainak.

Lacan a tizenegyedik szemináriumában azt a pillanatot, amikor a szubjektum egy tárgyra néz (*look*), egy háromszöggel szemlélteti, melynek csücske maga a szubjektum, és a tárgy az átfogó vonalán helyezkedik el. Ezt a helyzetet a szem perspektívájának leírására használja (Lacan 1998, 91). Amit azonban a szem lát, az nem maga a tárgy, csupán a tárgy *képe*, amelyet Lacan a látómező alanya (szubjektum) és tárgya *közé* helyez. Ezt követően egyszerűen megfordítja a háromszöget: ami eddig a tárgy volt, most az a pont lesz, ahonnan a fény ered, ami az előző felálláshoz hasonlóan egy háromszög alakú perspektívát rajzol, melynek átfogóján a szubjektum, vagyis a vizuális mező alanya helyezkedik el. A második sémában tehát a szubjektum válik a látás tárgyává. A tárgy és az alany közötti mediáció pedig immáron nem a *tárgy képe*, hanem a *képernyő* [*screen*].[11] Lacan itt arra mutat rá, hogy a nézés alanya, vagyis a szubjektum, mindig *már eleve* a látómezőben foglalt pozíció, vagyis mindig van valami, ami előbb bevon a vizuális térbe, mintsem én ránézek. Lacan ezt a „valamit" *tekintet*nek (*gaze*) hívja. A tekintet „felfoghatatlan" (83), valami (ami éppen hogy szigorú értelemben *semmi*), ami elkerüli a szubjektum nézését, ami eltűnik abban a pillanatban, amikor éppen láthatóvá válna: éppen távollétében van mindig jelen.

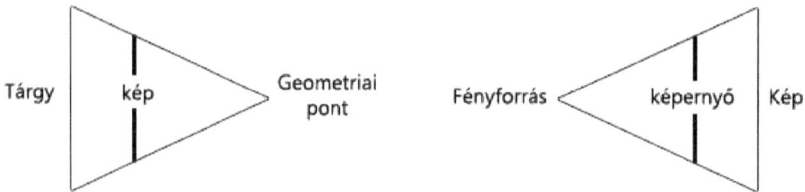

Tárgy — kép — Geometriai pont   Fényforrás — képernyő — Kép

---

[11] Ibid. A „képernyő" magyarra „vászonként" is fordítható, ami jelzi annak okát, hogy vajon miért is válhatott csábítóvá a filmteoretikusok számára Lacan elméletének adaptációja.

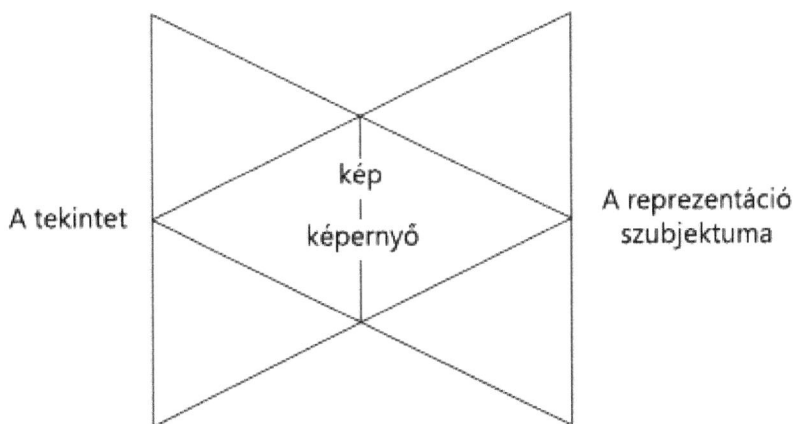

A csontváz a reprezentációban, vagyis a vizuális térben a tekintet illékony helyét foglalja el. Elméleti szempontból pedig arra a pillanatra utalhat, amely ledönti az időbeni határokat, a temporális logikát, mely linearitásukban gondolja el a drámai, illetve a filmi szövegeket. A csontváz kísérteties jellege tehát túlmutat a vizuális tér, a látható problémakörén, és egy olyan titokra, illetve hiányra, törésre utal, mely mindig jelen van, de megjeleníteni sohasem lehet. Minthogy a lacani leírás nem egy specifikus példára összpontosít, vagyis a vizuális tér, a látható létrejötte mindig egy tekintet eleve-jelenlétén alapul, feltételezhető, hogy az adaptáció is mindenképpen a már eleve jelenlévő mediális törés, illetve a csontváz trópusára vezethető vissza. Az irodalmi mű (legyen az dráma, elbeszélés vagy akár vers) tehát ugyanoda kell, hogy visszamenjen, ahol maga a filmadaptáció is kezdődik: mindkettő eredete a csontváz által jelölt és elfedett töréspont.

Ez azt jelenti, hogy az adaptáció nem puszta ismétlése az irodalmi szövegnek, és az irodalmi szöveg nem tekinthető az adaptáció kifejezett eredetének. Amit a csontváz jelöl, az egyszerre „ismétlés *és* első alkalom", ahogy Jacques Derrida utal az ilyen kísérteties helyzetekre (Derrida 1995, 20). E rövid mondat kulcsszava a kötőszó, melynek vetülete maga a kísérteties. Amire Derrida itt e kötőszóval utal, és ami megalapozza azon filozófiai programját, melyet „*hantológiának*", vagyis „kísértettannak" nevez, az a „fantom", melyet Ábrahám Miklós definiált. Ha úgy tetszik, Derrida *hantológiai* programjának Ábrahám fantomja adja meg az igazán kísérteties jelleget, minthogy Derrida Ábrahámot csupán egy helyen említi meg (és akkor sem a fantom meghatározásának apropóján), mégis állandóan jelen van.[12] Az ábrahámi fantom tehát Derrida csontváza.

---

[12] Erre meglehetősen sok bizonyíték áll rendelkezésre. Nicholas Royle érdekes

De mi is ez a fantom, és mire világíthat rá a csontváz és az adaptáció kérdésében? Ábrahám olyan klienseket kezelt praxisában, akik nem saját tudattalan elfojtásaiktól szenvedtnek, hanem valaki másétól. A szubjektum a hisztériához hasonló tüneteket produkál, de ezen tünetek eredete nem lokalizálható saját pszichés topográfiájában. A tünetek tulajdonképpen egy előző generáció (általában a szülő) tudattalanjába elevenen eltemetett titok (kimondhatatlanul fájdalmas trauma) nyelvi megmozdulásainak színrevitelei (Ábrahám 2001, 68). A fantom mint pszichikus formáció tehát teljességgel heterogén természetű ahhoz a közeghez képest, melyben megjelenik, vagyis a szubjektummal „sohasem állt semmiféle közvetlen összefüggésben" (69). Ez azt jelenti, hogy a fantom egy idegen test, amely egy „másik" (szülő, rokon, társ) elfojtott titkait viszi magával egy radikálisan különböző környezetbe, ahol megjelenése kísértetiesnek hat. Amint azt Ábrahám leszögezi: *„A kísérteni visszajáró fantom a másikban eltemetett halott létezéséről tesz tanúbizonyságot"* (ibid.).

A csontváz ennek a fantomnak a megtestesülése, *objet petit a*, mely egy titok jelenlétére hívja fel a figyelmet: egy olyan titokéra, mely mind a dráma mind pedig a film szövegében radikálisan idegen testként van jelen. Ábrahám igyekszik pontos leírást adni a fantom különböző hatásairól, és magáról a formációról is. Ennek keretében a következő támpontokat sorolja föl:

> Először is, [a fantomnak] nincs saját energiája; nem lehet „lereagálni", pusztán jelezni lehet. Másodszor, rendbontó munkáját csendben folytatja le. Hadd jegyezzük meg, hogy a fantomot eltitkolt szavak, láthatatlan gnómok tartják életben, akiknek az a célja, hogy a logikai lépések következetességére rászabadítsák a tudattalanból a pusztítást. Végül, végtelen ismétlésre ad alkalmat és meglehetősen gyakran játssza ki a racionalizálást. (ibid.)

Dráma és film, valamint a mediális törés vonatkozásában ez annyit tesz, hogy a csontváz *mint* fantom, mivel nincs saját energiája, abból a feszültségből táplálkozik, melyet az áthágás aktusa hoz létre. Valójában ez a törés jelenti a reprezentáció alapját: ez az a hiány, ami köré Lacan szerint a Szimbolikus szerveződik. A fantom tehát egy jelen nem lévő jelenlévő, ami ellenáll mindenféle racionalizációs kísérletnek, ami fölborítja a logikai következetességet: egy olyan szerveződés elleni elem a reprezentációban,

---

módon ezzel kezdi legfrissebb kötetét, mely Derrida munkásságát foglalja össze (Royle 2003), de már egyik előző könyvében is rámutatott erre a kérdésre (Royle 1995). Tény, hogy Derrida és Ábrahám még az ötvenes években barátokká váltak, ami Ábrahám 1975-ben bekövetkezett haláláig tartott; néhány Ábrahám-kötet elé előszót is írt. Jónéhány derridai terminus kimutathatóan Ábrahám szellemi hagyatéka. (Lásd: Roudinesco 1990, 598-601)

ami körül mégis megszületik a szöveg. Minthogy a csontváz korpuszát a fantom egy lehetséges megtestesülésének tekintem, számot kell adnom arról, hogy miként kapcsolható ez a megközelítés az eredeti, Ábrahám által nyelvi szinten definiált jelenséghez.

A fentebb leírtak a fantomot vizuális formációként kezelik, ami tehát Ábrahám fantomelméletének egy lehetséges továbbgondolása. Értelmezésem alapját a fantom szó etimológiai gyökere adja meg. Az eredeti görög szó „víziót", „kísértetet" jelent, melyek manapság a fantom szinonimáiként használatosak; majd tovább keresgélve a „mutatás", „prezentálás" szavak következnek (lásd: Skeat 1993, 346). Ezek az etimológiai szálak feltárják, hogy a fantom szó kriptaként zárja magába a látható feltételét, kísérteties közvetítő természetét (azaz azt a tényt, hogy a fantom maga egy médium), és egyáltalán a mutatás és rejtés egyidejűségét és egybeesését a reprezentáció mechanizmusában. A fantom fogalmát tehát nemcsak az Ábrahám által definiált jelenségek leírására használom, hanem az adaptáció elmélete és kifejezetten a Tennessee Williams-filmadaptációk kapcsán egy összetett reprezentációelmélet lehetőségét vetem fel, amelyben a fantomi (il)logika érvényesül: azaz azért mutat valamit, hogy valami mást hatékonyabban elrejtsen.

Úgy vélem, filmadaptációkról és egyáltalán audiovizuális médiumról lévén szó, a fantom szükségszerűen nyelvi *és* képi jelenség, és mint ilyen, inkább a *jelenés* szó illik rá. Mivel nem közvetlenül az elfojtott tér vissza (ez a freudi dinamikus elfojtás lenne), hanem a fantom viszi magával a kriptába zárt titkot/titkokat (melyek Ábrahám és Török szerint „megőrző elfojtás" alatt állnak), a jelenés csupán egy kripta potenciális jelenlétére hívja fel a figyelmet, nem pedig magát a titkot fedi fel. A felfedésnek vélt pillanat (például az, ha a csontvázat mint olyat a filmadaptáció titkaként kezeljük) csupán egy újabb elfedés: arról tudhat a néző, hogy egy kripta van jelen – a fantom ezt fedi fel jelenésekor. Arról azonban szó sincs, hogy e kripta falai ledőltek volna: még mindig nem lehet tudni, valójában mi is ez a csontváz *mint* fantom, mint jelenés.

Ismét Ábrahámot idézem, aki szinte vizuális analógiaként írta le a pszichés működést a burok és a mag dialógusaként. Ábrahám szerint „a burkot magát jellemzi, hogy mit rejt; amit tartalmaz, az megmutatkozik benne" (Ábrahám 1998, 299). Ha a burkot a szöveg látható, manifeszt formájaként értelmezzük a *Múlt nyáron, hirtelen* című film példáján tovább vizsgálódva, akkor a mag nyilvánvalóan csakis a csontváz lehet, mivel ez az egyetlen olyan entitás a szövegben, melynek természete heterogén reprezentációs környezetéhez képest. Amit ez a rövid megjegyzés Ábrahám írásából a fentebb tárgyalt fantom meghatározással együtt megvilágít, az viszont az, hogy a megjelenő mag csupán egy újabb burok, minthogy a jelenés nem maga a titok, csupán a titok hordozója. Nem a titok jelenik meg tehát, csupán az kerül felszínre, hogy *van* titok. Jacques Derrida így ír a fantom ilyen jellegű működéséről, mely során a mag megjelenése egy újabb burok felfedezése csupán, amely egy eddig nem tudott tudás jelenlétére vet fényt:

> Éppen *ez* az a dolog, amit nem tudunk, és nem tudjuk, hogy éppen *van*-e, létezik-e, hallgat-e egy névre, és megfelel-e egy lényegnek. Nem *tudjuk*: nem tudatlanságból, hanem mert ez a nem-tárgy, ez a jelen nem lévő jelenlévő, a távollévőnek vagy az eltűntnek ez az ott-léte nem enged többet tudnunk. (Derrida 1995, 16)

Derrida itt arra utal, hogy Ábrahám szerint a fantom teljes csendben működik, és az, amit tudásként felmutat, sohasem vehető Valós tudásként, hiszen amire rámutat, az pontosan a *nem-tudás* (*nescience*): ez segít abban, hogy a titok továbböröklődjön. Derrida a „Dolgot" mint jelen nem lévő jelenlévőt, vagyis a fantomot úgy mutatja be, mintha a Lacan által meghatározott tekintetről lenne szó, amely megfelel a vizuális tér aszimmetriájának, melyet a tekintet előidejűsége okoz. Ezt Lacan a következőképpen fogalmazta meg: „*Sohasem arról a helyről nézel engem, ahol én látlak*" (Lacan 1998, 103). Lacan szerint ebből az következik, hogy amit a szubjektum lát, az sohasem az, amit valóban látni akar (ibid.).

Valójában a *Múlt nyáron, hirtelen* című film azon jeleneteiben, ahol a csontváz megjelenik, a néző arra *kényszerül*, hogy belássa: ami előtűnik, az csupán a kripta, ami a titkot rejti, amiről eddig mit sem sejtett. Így az egyébként lezártnak, sőt, „igazi" hollywoodi *happy-end*nek tűnő elbeszélés felnyílik, a film vége nem valódi befejezés. Az „anamorfózis" pillanatáról van itt szó bizonyos értelemben, amikor a megfejthető, kontrollálható, perspektívába illő kép egy pillanat alatt „felnyílik", mert a tekintet pontjában a Valós tör át, aminek következtében már egy „másik" képként látjuk ugyanazt (79-90). A csontváz esetében azonban a folyamat annyiban módosul Lacan leírásához képest, hogy nem a Valós tűnik elő a kép nézésének e két, elkülönülő pillanatában (Adams 1996, 141), hanem a Valóst rejtő burok, ami magnak, Valósnak *tűnik*.

A csontváz *mint* fantom megjelenése tehát nem más, mint „a láthatatlan rejtett és megfoghatatlan láthatósága", mely „egy saját, hús nélküli test megfoghatatlan megfoghatóságát" (Derrida 1995, 17) mutatja meg, hogy Derrida igencsak találó megfogalmazására hagyatkozzam. A Derridánál egyértelműen jelenésként megjelenő csontváz *mint* fantom egy olyan test képzetét kelti, mely eleve elveszett (ami Lacannál az *objet petit a* definíciója). Én ezt *spektrális test*nek nevezem el, mert ez a kifejezés a csontváznál, de még a fantom szónál is explicitebben foglalja magában a fantom testének képzetes formáját mint illékony, tűnékeny testet és e test kísérteties természetét.[13] A kérdéses test persze – a *Múlt nyáron, hirtelen* példájából kiindulva – már csak egy egyszer volt test visszatérése, amely majd a vágy tárgyi okaként funkcionál mind a dráma, mind pedig a film karakterei számára: hiszen e körül a fundamentális hiány körül forog minden.

A csontváz *mint* fantom, avagy a *spektrális test* megjelenik, és kérdések sorozatát indítja el a nézőben: „Mi ez? Hogy kerül ide? Miért van ott?", és végső soron „Mit akar?" A kérdés a híres lacani vágy-diagrammot idézi, egészen pontosan a *„Che vuoi?"* [„Mit akarsz?"] kérdést.[14] A nézői szubjektum ilyen természetű kérdése valójában a Másik vágyának kérdése, „Mit akar Ez/ez a Dolog *tőlem?"* Bice Benvenuto és Robert Kennedy szerint „a szubjektum az, akinek valaki mást kell kérdeznie, egy Másikat, azért, hogy megtudja az igazat önmagáról", s ez a kérdés akkor formálódik meg, amikor ez a szubjektum „a kohézió hiányát tapasztalja meg, a „disszonancia" pillanatát" (Benvenuto és Kennedy 1986, 169-170). Ez a disszonancia hozza el a szubjektum „eltűnését" [*„fading"*], ami által a szubjektum „áthúzott" [*barré*] lesz, vagyis egy olyan jelölőnek lesz alárendeltje, amely más jelölők számára reprezentálja őt a jelölőláncban.[15] A kérdés tehát nem is annyira a *spektrális test*ről szól, mint inkább arról, hogy vajon észrevettük-e, milyen vágy-mechanizmus, milyen késztetés eredménye ez. Mint említettem, a jelenés nem egy választ hoz, tehát nem fed fel semmiféle titkot, csupán azt mutatja meg, hogy a titok jelen van. Ám bizonyos szempontból mindennemű kérdés ettől kezdve csupán a néző önmagához intézett kérdése. Technikailag persze a Másikhoz szól, a Másik vágya a tét, de végül mégis a saját létünk igazságára irányul bármiféle kérdés – legalábbis a Lacan által alkalmazott elméleti keretek között mindenképpen.

A csontváz egyenesen a kamera felé fordul, a néző szemben találja magát a jelenéssel. Bár az, hogy „szemben", furcsának tűnhet annak fényében, hogy a csontváz koponyájának *nincs szeme.* A szem mint nem jelen lévő néz a nézőre, ami talán a legtökéletesebb illusztrációja annak, amit Lacan *tekintet*ként határozott meg: *objet petit a,* ami egy eleve elveszett tárgy, a vágy

---

[13] A spektrális test fogalmáról és a fantomelmélettel való összefüggéséről bővebben lásd: Dragon 2006, 19-22.

[14] Lacan 1992, 313. A négy itt szereplő gráf (amelyek közül most a harmadikról beszélek) megtalálható a *Thalassa* 1993/2-es számában is, ahol részleteket olvashatunk Lacan híres Hamlet-szemináriumából (Lacan 1993, 28).

[15] Lacan 1992, 313. Megjegyzem, Lacan a francia szövegben is a *fading* (eltűnés) szót használja, ami az Ernest Jones által bevezetett „aphanisis" fogalom átdolgozása. Az „eltűnés" pillanata „áthúzza" a szubjektumot, vagyis már csakis a nyelven keresztül válik elérhetővé és reprezentálhatóvá– az áthúzás valami hiány jelölése Lacan matémáinak sorában. Nem a halálról van itt szó, hanem a nyelvi, beszélő szubjektum megszületéséről. A folyamatot részben érinti a fentebb hivatkozott Hamlet-szemináriumban is.

tárgyi oka. Az, hogy ez a csontváz *lát*, csupán a Képzetes műve, ám ezen keresztül a Valós érinti meg a néző-szubjektumot. Ez az anamorfózis pillanata, hiszen egy nem-tárgy (*non-thing* vagy *no-thing*) van jelen, amely mintegy „kiugrik" vagy „kilóg" a reprezentált képből, hasonlóképpen a híres Holbein-festmény (*A nagykövetek*, 1533) előterében feltűnő elmosódott, eltorzított, lebegő formulához.

Holbein képe azt vetíti elénk Parveen Adams szerint, hogy az észlelés nem pusztán a látás kérdése, hanem sokkal inkább a *vágyé* (Adams 1996, 111). Így az észlelés és látás kérdése leginkább arról szól, hogy a néző mit *akar* látni: mint egy fentebb, Lacantól idézett mondat rámutat: éppen azt látjuk, amire nem *vágyunk*, és amire *vágyunk*, azt sohasem láthatjuk.[16] Az anamorfózis pillanata valójában hirtelen kibillenti a nézőt kényelmes egyensúlyából, mely abban a tévhitben gyökerezik, hogy azt látja, amit látni akar, és ez örömet szerez neki. Ám amint az elmosódott figura kivehető formát ölt, hirtelen egy törés keletkezik a néző látása és valami másik nézés között. Hirtelen azt veszi észre a néző, hogy az a másik, megfoghatatlan tekintet már annak előtte *ránézett*, hogy ő egyáltalán a képre tekintett volna. A vizuális tér tehát nem a szubjektum tekintete által jön létre: ez a nézés csupán másodlagos a kép-tárgy tekintetének jelenlétéhez képest. Az a vágy tehát, hogy valami örömtelit lásson a néző, nem az ő vágya, hanem a megfoghatatlan Másiké. Ezért is fontos, hogy felismerjük a vágy kérdését az anamorfózis jelenségében.

A csontváz, vagyis a *spektrális test* még inkább spektrális, azaz kísérteties lesz az anamorfózis következtében, hiszen az a tény, hogy az a nézőre „tekint", egy olyan pillanatot is jelöl, amelyben a tárgy kilép saját narratív kontextusából, hogy mint Képzetességétől, figurativitásától megfosztott Valós dolog lépjen elő. Amint azt Žižek kommentálja, a tárgy képből való radikális kilépése egy meglehetősen szubjektív nézőpontot vés be az elbeszélés által felépített objektív valóság kellős közepébe (Žižek 2000, 77-78). Ez a szubjektív nézőpont véleményem szerint a mediális törésen keresztül a dráma filmrevitele következtében a reprezentációs mód szükségszerűségeképpen megjelenő tekintet, mégpedig a kamera formájában. A csontváz anamorfikus megjelenése tehát ebben az értelemben a kamera transzgresszív bevésődését is előtérbe helyezi. Az anamorfózis tehát maga is egyfajta áthágás, amely a fentebb említett kérdésfeltevés elindításával jelenik meg a néző előtt.

Ez a kérdezés azonban egyáltalán nem ilyen egyszerű. Žižek szerint a kérdés maga egy olyan hiány vagy hasadás, amit a válasznak kell megtöltenie (Žižek 1989, 114). Így a kérdés maga felfedi a reprezentációban jelenlévő hasadást, ami a Valósra nyílik, és ami azzal fenyegeti a szubjektumot és az egész jelenetet, hogy elnyeli. Ez a kockázata a „kérdező szövegnek".

---

[16] „*Sohasem arról a helyről nézel engem, ahol én látlak*" (Lacan 1998, 103).

Catherine Belsey szerint a nyelvész Emile Benveniste három olyan funkciót különített el, mellyel a diskurzus általánosan jellemezhető: *kijelentő, felszólító* és *kérdező*, melyeket Belsey három szövegtípusként értelmez (Belsey 1980, 91). A kijelentő szöveg egyszerűen információkkal látja el az olvasót, a felszólító pedig parancsokat, utasításokat ad. „A *kérdező* szöveg azonban szétdarabolja az olvasó egységét azáltal, hogy az egységes kijelentéstevővel való azonosulást nem segíti elő" (ibid.). Ez hasadást hoz létre a megértésben, melyet az olvasó/néző válaszának kell megtöltenie. Másként fogalmazva, a kérdező szöveg „szó szerint arra invitálja az olvasót, hogy válaszokat fogalmazzon meg azokra az implicit vagy explicit kérdésekre, amik felmerülnek" (ibid.).

Ami a néző szeme előtt megjelenik ily módon a csontváz formájában, az nem más, mint a fantom kísérteties hatása. Amennyiben a film ezen jelenete „jelenés", a fantom saját maga – vagyis saját, tulajdon testiségében – *spektrális test*ként jelenik meg, s mint ilyen, idegen, bizarr test a film szövegében/szövetében. A film azt teszi lehetővé a néző számára, hogy „beszéljen" a kísértethez, a fantomhoz, ami Derrida szerint szinte lehetetlen (Derrida 1995, 21). Azonban a *Múlt nyáron, hirtelen*, és amint azt megkísérlem bemutatni, a drámák alapján készült filmadaptációk általában is adnak a nézőnek esélyt a csontváz megjelenéséhez hasonlatos jelenések kapcsán. Hiszen „a néző mint olyan az utolsó, akinek egy kísértet megjelenhet, beszélhet vagy figyelmet szentelhet" (ibid.). Ha a néző elmulasztja a lehetőséget, akkor nem veszi észre, hogy egy fantom jelent meg, hogy titkát továbbörökítse. A fantom a kérdésként, a megnyíló űrként érkezik a néző elé, ami Valós magként akadályt képez a megértésben.

Tulajdonképpen ez az a titok, ami a néző számára igazán számít, hiszen ez a fantom motivációja: életben tartani egy eltemetett traumatikus magot. Ez a traumatikus mag értelmezésem szerint az a törés, amit mediális törésként definiáltam. A *spektrális test*, vagyis a csontváz *mint* fantom ennek a törésnek a tárgyiasult, megtestesült formája, ezt a törést mint traumatikus magot örökíti tovább a szövegek közötti dialógus folyamán a drámába és a filmbe egyaránt. A néző arra irányuló vágya, hogy lásson (*szkopofília*), ami aztán a csontváz észrevételének feltétele lesz, tulajdonképpen a mediális törés által létrehozott hiány hatása. Ez a hiány egy eleve elveszett testként, illetve annak *objet petit a*-jaként, vagyis a vágy tárgyi okaként jelenik meg. Valójában a néző mediális törés által kiváltott tudattalan késztetése hozza létre a dráma és a film közötti dialógust, hiszen a két szöveg rajta keresztül léphet kapcsolatba. Ha ugyanis nem látja meg a *spektrális test*et, vagy nem szólítja meg (nem teszi fel a vágyra vonatkozó kérdést), akkor a fantom kísértése tovább folytatódik, ám a dialógus éppen ezért nem jöhet létre: a mediális törés mint elszakadás és kapcsolódás egyidejű lehetősége fedve és rejtve marad.

III. TENNESSEE WILLIAMS: DRÁMA ÉS FILM A DIALÓGUS JEGYÉBEN

III. 1. MIÉRT TENNESSEE WILLIAMS?

Tennessee Williams szerzői személyessége maga a dráma és film közötti mediális törést követő dialógus garanciája, hiszen úgyis mint drámaíró és úgyis mint filmes szerző, illetve forgatókönyvíró, jelentős mennyiségű és kiemelkedő minőségű művet hagyott maga után. Williams a filmhez gyermekkori élményein túl szakmailag két ízben került közvetlen közelségbe: először 1943-ban, amikor Audrey Wood a Metro-Goldwyn-Mayerhez szerződtette forgatókönyvírónak, ahol leginkább irodalmi adaptációkat kellett kiviteleznie (Philips 1980, 42); majd jóval később, 1976-ban, amikor a rangos cannes-i filmfesztivál zsűrijének elnöki teendőit látta el (33). Ezen két kiemelkedő professzionális kapcsolódási ponton túl karrierje során persze mindig is jelen volt az amerikai filmgyártásban, hiszen kortársaihoz képest kiemelkedő mennyiségű színművét adaptálták filmre – és adaptálják mind a mai napig is.

R. Barton Palmer szerint a Tennessee Williams-filmek valójában egy új alműfajt hoztak létre a második világháború utáni hollywoodi filmgyártásban (Palmer 1997, 221). Az 1950-es és 1960-as évek Palmer szerint szinte elképzelhetetlenek Williams drámáinak filmadaptációi nélkül, és egy új alműfaj, az úgynevezett „felnőtt film" fogalma is neki köszönheti megszületését, mely majdnem minden szempontból különbözött az akkor szinte monopolhelyzetben lévő stúdióprodukcióktól (205; 209-210). Bár Hollywood mindig is szívesen nyúlt a Broadwayn sikerrel bemutatott művekhez, Williams így is mindenkit megelőzve vált a legtöbbet és legsikeresebben adaptált amerikai drámaíróvá.

Williams szerzői neve tanulmányomban tehát akár az adaptáció metaforájának is tekinthető, annak ellenére, hogy Palmer véleménye szerint a drámaíró és a filmkészítő Williams teljesen különbözik egymástól. A Williams-művek adaptációjának vizsgálati kiindulópontjában azonban tökéletesen osztom Palmer felvetését, miszerint

> Williams esetében az adaptációt tágabb értelemben kell érteni, mégpedig azt kiemelve, ahogyan egyik médium a másikhoz kapcsolódik egy olyan folyamatban, amely a szövegek létrejöttére összpontosít, de semmiképpen sem csak erre szorítkozik. (206 – Saját fordítás)

Tehát az adaptációt egy olyan folyamatként kell kezelni, amely szüntelenül utal keletkezésének eredetére, de ezt alapjában véve egy intermediális dialógus formájában teszi. Ezt az utat nyitja meg előttem a Williamsnél demetaforizált alakot öltve megjelenő csontváz. Úgy tűnik tehát, hogy Williams mondhatni intermediális munkássága már önmagában is az adaptációelmélet felülvizsgálatát posztulálja, vagyis művei (akár dráma, akár film formájában) felvetik a mediális törés problematikáját.

Amint arra Palmer rámutat, Williams művei az 1940-es és 1950-es években éppen az uralkodó irányzattal szemben fogalmazták meg tematikájukat, hiszen a drámák hősei a publikus regiszter átpolitizált világa helyett inkább a privát szféra láthatatlan, személyes konfliktusait jelenítették meg. Olyan, a korábbiaktól és kortársaiktól egyaránt eltérő karakterekről van tehát szó, akik valamilyen módon kimaradtak az úgynevezett „amerikai álomból". Ezzel párosult Williams műveinek képlékeny tér-idő szerkezete, mely a karakterek belső rezdüléseihez igazodva nem a jól bevált lineáris elvet követte (207). Érdekes megjegyezni, hogy az ekkor készült drámák filmrevitele okán került előtérbe az azóta legendává vált „method acting" színjátszási módszer, amely a színésztől a lehető legvalósághűbb játékot követeli meg: az első színész, aki ezt alkalmazva világhírű lett, nem más, mint Marlon Brando, aki éppen *A vágy villamosa* című adaptációban tűnt fel először.

Williams filmadaptációinak sikeréhez az is hozzájárult, hogy éppen akkor jelentek meg, amikor a freudi gondolatok a mindennapok diskurzusának részét képezték, és így értelmezési táptalajként szolgálhattak a vásznon látható pszichés konfliktusokhoz. Mindehhez az is hozzátartozik, hogy bár Williams műveit (drámát és filmet egyaránt) erőteljes poétikusság jellemzi, az emberi psziché és a szexualitás előtérbe helyezésével mégis az élet legvalósabb, ám eladdig tabuként kezelt témáival szembesülhetett a közönség, akire ez a nyíltság az újdonság erejével hatott. Ez természetesen hihetetlenül éles összeütközéseket sejtet a kor cenzoraival. Így is volt, hiszen a Production Code Administration (PCA), az amerikai filmgyártók egyesületének „erkölcsrendészete" pontosan azokat a témákat tekintette ádáz ellenségének, amelyeket Williams előtérbe állított. Ennek fényében szinte csodának számít, hogy többek között a *Múlt nyáron, hirtelen* kisebb-nagyobb manőverek segítségével ugyan, de végül példátlanul gyorsan ment át a rostán, és kerülhetett a mozikba (Miller 1994, 187-188) (bár – amint azt a többi elemzés során kifejtem – szinte nincs olyan Williams-adaptáció, amely így vagy úgy de ne lenne érintve a cenzúra által).

Mint arra D. A. Miller rámutat, ennek az esetnek több előzménye is lehetett. Először is a homoszexualitás témája attól függetlenül, hogy központi helyet foglal el a mű tematikájában, mégis kendőzötten jelenik meg, miközben a nyilvánvaló heteroszexuális románc a film végén látszólag törli is e nemkívánatos részletet. Másodszor pedig maga a megjelenítés módja meglehetősen közeli rokona az akkortájt Európából érkező, egyre inkább divatba jövő művészfilmeknek, melyek – lévén külföldi produkciók – nem estek a PCA hatásköre alá, így vágatlanul kerültek vászonra az egész Amerikai Egyesült Államok területén. Így a Williams-drámák adaptálói hivatkozhattak az avantgarde kifejezésmódok művészi értékeire, melyek ellen nehéz volt kifogásokat találni (Miller 1999, 124). Williams „művészi és érzéki" filmjei tehát szabadjelzést kaptak az európai művészfilmek által az 1946-os évet követően kitaposott úton, amikoris Hollywood rekordbevételei hirtelen megcsappantak (Palmer 1997, 214). 1951-től pedig, *A vágy villamosá*nak elsöprő sikere után (tíz Oscar-jelölés, három díj), Hollywood mondhatni tárt karokkal várta Williamst, aki hamar a legfelkapottabb és leggyakrabban adaptált szerző lett, ráadásul forgatókönyveket is írhatott.

Palmer szerint a nagy sikernek hátulütője is volt: a Williams-drámákat mindinkább a sikert jelentő *A vágy villamosa* sémájára próbálták filmre vinni, mivel az ebben a filmben megütött hang bizonyult a legjelentősebb kereskedelmi sikernek, és talán ez felelt meg leginkább az akkori nézői elvárásoknak is (230). Ezek a filmek azonban nem csupán kereskedelmileg voltak fontosak: furcsamód egyben az amerikai művészfilm megszületését is jelentették (231). Távolabbi kihatásai is voltak, hiszen rengeteg sztár kezdte pályafutását ezekben az adaptációkban, többek között a már említett Brando vagy Paul Newman, akiknek karrierjét nagyban meghatározta az általuk alakított Williams-karakter: feltűnően sok olyan szerepben tűntek fel (Montgomery Clift, Karl Malden, Elizabeth Taylor, Vivien Leigh karaktereivel egyetemben), amelyek szinte a megtévesztésig hasonlóak voltak az adaptációban megformálthoz. Palmer szerint ez annyit jelent, hogy a sztárkultuszon keresztül Williams nem csupán egy ízlésbeli forradalmat hajtott végre Hollywoodban, hanem a nemzeti karakter idealisztikus képzetét is nagyban átformálta (ibid.).

Arra a kérdésre tehát, hogy miért Tennessee Williams munkássága képezi tanulmányom középpontját, több nézőpontból lehet csak választ adni. Egyrészt Williams szerzői személyessége áthidalja a dráma és a film közötti mediális törést, amely igen ritka jelenség. Másrészt mind a drámairodalom, mind pedig a filmtörténet területén kiemelkedőt és maradandót alkotott, ráadásul sok esetben egymással párhuzamosan, ami nem hagyható figyelmen kívül. Munkássága tehát dráma és film ideális kapcsolódási pontja, ami talán a legszemléletesebben tudja megmutatni a mediális törés mibenlétét, az intermediális tér természetét és magát az adaptáció folyamatát, amelyet az elemzésekben az intermediális dialógus gyakorlatában fogok feltárni.

III. 2. AZ INTERMEDIÁLIS WILLIAMS: DIALOGIZÁLÓ DRÁMÁK ÉS FILMEK

Mivel Williams korának leggyakrabban adaptált szerzői közé tartozott, munkásságának filmes vonatkozása meglehetősen szerteágazó mind stiláris, mind mediális tekintetben. Annak érdekében, hogy a fentebb vázolt elméleti keret kritikai és interpretációs rugalmasságát, illetve alkalmazhatóságát jelen tanulmány keretei között be tudjam mutatni, olyan drámákra és filmes adaptációikra koncentrálok, amelyek eredetüket tekintve Hollywoodhoz kötődnek.[17] Így tulajdonképpen Palmer azon meglátására támaszkodva szelektálom az intermediális dialógus lehetőségeire irányuló vizsgálatom tárgyait, mely szerint Williams filmadaptációi egy sajátos alműfajt hoztak létre az álomgyár műfaji struktúráján belül. Ezzel Williams szerzői funkcióját műfaji kerettel erősítve tárgyalhatom, és lehetőségem nyílik az azonos műfaji jellemzőkkel felruházott adaptációk sokfélesége mellett érvelni, jelezve, hogy a hasonlóságok milyen különböző stratégiákat mutatnak fel.

Elsőként a tanulmányban stratégiai kiindulási pontként hivatkozott *Múlt nyáron, hirtelen* című film vizsgálatában térképezem fel a látszólag problémáktól mentes, „hű" adaptációként fogadott megfilmesítés többszörös kódolását, amely egy klasszikus hollywoodi elbeszélés keretein belül megvalósított, radikálisan szubverzív adaptációs technikára világít rá. A dráma és az azonos címet viselő film olyan rendhagyó dialogikus kapcsolatot létesít egymással, amely – bár a művek önmagukban is megfelelnek műfaji kontextusuk követelményeinek és elvárásainak, így saját jogukon is értelmezhetőek – meginvitálja az intermediális értelmezés

---

[17] A *II. 1. Bevezető* fejezetben részletesen kifejtem, mely adaptációk maradnak ki a válogatásból, valamint szólok a szelektálás elveiről is.

pozícióját. Olyan mediális törés, illetve törések kapcsolati rendszerét igyekszem feltárni és működtetni, ami az adaptáció elméleti és kritikai diskurzusait nem pusztán felülírja, de használható, pragmatikus alapokon nyugvó alternatívát is nyújt egyben. Ezt követően a Mankiewicz által bemutatott adaptációs stratégia különböző – ám különbözőségükben nagyon is hasonló – formáit igyekszem vizsgálni az intermediális tér tekintetében, olyan drámák adaptációinak segítségével, mint *A vágy villamosa*, *Macska a forró bádogtetőn*, *Az ifjúság édes madara* és *Az iguána éjszakája*.

A vágy villamosa (dráma: 1947; film: 1951, r: Elia Kazan) klasszikus példája kora filmkészítési nehézségeinek, melyek leginkább az akkoriban teljhatalmúnak számító, az egész rendszert behálózó cenzúra intézménye kapcsán jelentkező szimptómasorként összegződnek az adaptációban. Elia Kazan és maga Tennessee Williams többszöri nekifutásra igyekezett egyszerre megfelelni a cenzúra politikájának, és felmutatni, megjeleníteni, kommunikálni azokat a tiltott tartalmakat, amelyek protodramatikus cselekménysorként tulajdonképpen a dráma magvát jelentik, és amelyek magát a látható cselekményt, a dialógusokat és a karakterek történetét, motivációit táplálják.

A Macska a forró bádogtetőn (dráma: 1955; film: 1958, r: Richard Brooks) ebből a szempontból még érdekesebb adaptáció, hiszen a cenzúra részéről nem övezte akkora figyelem, így az intermediális dialógus szempontjából különösen fontos látni, hogy vajon mily módon sikerült egy meglehetősen explicit eszközökkel működő drámát ilyen drasztikus mértékben hollywoodi sztenderdre transzformálni. A dráma szövege egyértelmű utalásokat tartalmaz a homoszexualitás, legfőképpen a homoszexuális örökség szerepére, mely furcsamód egy sikeres és látszólag ideálisan funkcionáló, befolyással bíró család működésének magvaként jelenik meg. Ezt az alaphelyzetet semlegesíti a film, ám teszi ezt úgy, hogy a dráma traumatikus (és úgyszintén protodramatikus) cselekménysorainak logikáját és történéseit ellentétes előjellel mutatja be. Ennek következtében a hollywoodi elbeszélés olyan narratív logikai következetlenségeket hordoz magában, melyek felvetik a dialógus lehetőségét, és mediális törésként mutatnak rá a dráma filmes jelenlétére. Mindezt a film diegetikus szerkezete a nézőpont bevésésével és a kamera funkciójának homodiegetikus karakterre történő ráruházásával erősíti, illetve mélyíti el, amely külön hangsúlyozza az egyes jelenetek és beállítások szerepét a kérdéses elfedések során.

Richard Brooks másik rendezése, *Az ifjúság édes madara* (dráma: 1959; film: 1962), tulajdonképpen látványos folytatása a *Macska a forró bádogtetőn* adaptációs politikájának, olyannyira, hogy a központi karakter, Chance Wayne megtestesítője ismét Paul Newman, aki nem titkoltan ugyanazt a gesztusrendszert működteti, amelyet az előző filmben Brick Pollitként bemutatott. Newman szerepeltetése egyébként is rámutat a karakterfunkciók transzfer-lehetőségeire, és megkönnyíti az intermediális értelmezési keret strukturális feltérképezését is. Mindemellett *Az ifjúság édes madara* külalakra, formailag és elbeszéléstechnikailag, sőt vizuális esztétika tekintetében is tökéletesen illeszkedik a kor hollywoodi elvárásaihoz, így a legtöbb kritikus szerint is a legtökéletesebben fősodorbéli Williams-adaptációt sikerült megalkotniuk a film készítőinek. Az adaptáció azonban ennek ellenére is tartalmaz olyan mediális töréseket, amelyek egyrészt a dráma traumatikus tartalmára utalnak, másrészt pedig összekapcsolják a filmet korábbi adaptációkkal – például a címbéli madár demetaforizált, kísérteties, excesszív jelenléte –, elsősorban a vizuális struktúra és maga az adaptációs stratégia kérdését illetően.

Az iguána éjszakája (dráma: 1961; film: 1964, r: John Huston) című adaptációban *Az ifjúság édes madará*hoz hasonló módon a hiány furcsa, már-már zavaró többletként jelenik meg, így ebben az esetben is elsősorban a színpadon túli láthatatlan, ám láthatatlanságában kísértetiesen nagyon is érzékelhető, hiányként manifesztálódó objektumok túlburjánzó jelenlétté válásában keresem a mediális törés nyomait. Ezen felül felhívom a figyelmet a mediális különbségekben megmutatkozó, Williams szerzői személyiségét és jelenlétét alátámasztó epizódra, melynek során Williams, a filmes szerző írja felül nem csupán önnön drámai szövegét, de a forgatókönyv egyik kulcsjelenetét, és így az adaptációs stratégia vezérelvét is. A film ezen túlmenően egyértelmű rokonságot mutat a *Múlt nyáron, hirtelen* és a *Tavasz Rómában* adaptációival a filmes tér kiterjesztésének tekintetében, aminek egy aspektusaként ehelyütt is az egzotikus környezet, atmoszféra, valamint a díszletezés válik meghatározóvá.

Az előbbi csoporttól elkülönítve vizsgálom Williams két, különös keletkezéstörténettel bíró művét, a *Baby Doll*t (dráma: 1956; film: 1956, r: Elia Kazan) és az *Üvegfigurák*at (dráma: 1944; film: 1950, r: Irving Rapper). Ezt azért érzem szükségesnek, mert e két adaptáció nagyban támaszkodott a megannyi rendelkezésre álló szövegverzióra, amelyek így mediális, műfaji és nem utolsó sorban formai keveredésük ürügyén kifejezetten érdekessé váltak jelen kutatás szempontjából, és az irodalom- valamint a filmtörténet oldaláról is megvilágítják a hűségkritikai elvek alkalmazásának lehetetlenségét, illetve az intermediális dialogizmus szükségességét.

A *Baby Doll* különlegessége, az *Üvegfigurák*hoz hasonlatosan, a már magában a dráma szövegében fellelhető inkorporált filmi jelenlét, mely a történet keletkezésének meglehetősen kalandos útjának lenyomataként mintegy megelőlegezi Williams cselekményének adaptációját, hiszen a drámaként publikált szöveg tartalmazza a kamera-beállításokat is, egyfajta furcsa, idegen markerként, megbontva a dráma és a színpadi szerkesztés tradicionális formáját. A hűségkritikát már kiindulópontjában is érvénytelenítő szövegstratégia az adaptáció esetében a felszínen éppen olyan hollywoodi jegyeket visel magán, mint a sikeres Williams-adaptációk többsége, azonban intermediális térbeli eredete egy merőben eltérő, keletkezésénél disszemináló hatásmechanizmussal élő vállalkozásként szolgál példaként az adaptációelmélet számára.

Az *Üvegfigurák* Williams művei között talán a legkomplexebb reprezentációs rendszerrel bíró dráma, amely alapvetően az intermediális dialógus legadekvátabb megjelenési formájának is tekinthető amiatt, ahogyan a filmformai alapok inkorporálódnak a dráma szövegébe és a színházszemiotikai megoldásokba: nem pusztán cselekmény (Tom menekülése a biztonságot és megnyugvást hozó moziba), de megjelenítési technika szintjén is kifejezetten kísérletező jellegű, előremutató, dialógust posztuláló pont Williams munkái között. Minthogy az *Üvegfigurák* is bír narratív előtanulmánnyal, az intermediális dialóguson alapuló adaptáció meglehetős komplexitásában vizsgálható az összetartozó művek egybevetése által.

Az utolsó részben Williams rövid regényét és annak filmadaptációját veszem górcső alá, ahol vizsgálatom célja a hűségkritika és általában véve az adaptációelméleti diskurzus azon feltevésének kritikus dekonstrukciója, mely szerint ha irodalom és film kapcsolatáról beszélünk, automatikusan regény és játékfilm kapcsolatát értjük rajta. A *Tavasz Rómában* (regény: 1950; film: 1961, r: José Quintero) a Williams-művek tükrében pontosan azt igyekszik problematizálni, ami a fenti feltevés alapját képezi, vagyis a narratív közösséget, melyet a médiumok osztanak egymással. A közös eredőként emlegetett elbeszélő mód azonban Williams munkásságában az előző elemzések fényében meglehetősen problematikus kiindulópontnak bizonyul, hiszen az intermediális dialógus alapvetően megkérdőjelezi a problémamentes adaptáció lehetőségét. A drámai szövegek adaptációjánál feltárt intermediális inkorporációk segítségével arra igyekszem rámutatni a *Tavasz Rómában* elemzésében, hogy – legalábbis – Williams estén a narratív közös nevezőn alapuló adaptációs stratégia sem gyártási, sem kritikai vonalon nem nyújt kielégítő kelléktárat, és egy intermediális dialóguson alapuló interpretációs lehetőséget mutatok be, amely figyelembe veszi, sőt kifejezetten épít arra a metatextuális és önreflexív jelenetben megmutatkozó, mediális törést generáló tényezőre, amely a *Múlt nyáron, hirtelen* elfedési technikájához hasonlóan itt is egy szofisztikált reprezentációs mechanizmust működtet. Ennek kapcsán arra hívom fel a figyelmet, hogy bár két narratív tulajdonságokkal rendelkező mediális produktummal van dolgunk, az adaptációs stratégia ennek ellenére sokkal inkább épít a dráma és film dialógusában feltártakra, mint a narratív közösségre apelláló elemzések által hangoztatott és garantáltan problémamentesnek vélt narratológiai tulajdonságokra. Úgy is mondhatnánk, hogy a *Tavasz Rómában* adaptációs megoldásai sokkal inkább táplálkoznak a Williams-adaptációkban feltárt stratégiákból, mint építenek a narratív közösségre.

Mint az a kiválasztott adaptációs esettanulmányok jellegéből és sorrendjéből is jól látszik, nem célom egy monografikus, kronológiát vagy bármi más rendszcrcző crőt követő, klasszikus vizsgálat bemutatása. Sokkal inkább arra vállalkozom, hogy rámutassak a mediális törésben megjelenő dialogikus törekvésekre, amelyek nem kapcsolhatóak irodalom- vagy filmtörténeti méltatások, illetve elismerések által generált hierarchiákhoz. Az adaptációs vizsgálatok lényege az intermediális dialógus mozgatórugóinak feltárása a filmek *médiagénie*-jének tükrében, valamint a dialogizmus működési mechanizmusainak elemzése a résztvevő szövegek szerepének bemutatásával.

IV. DRÁMA ÉS FILM DIALÓGUSA

IV. 1. *MÚLT NYÁRON HIRTELEN*: A DRÁMA ÉS A FILM DIALÓGUSÁNAK GYAKORLATA

A filmelmélet már szinte közhelyként kezeli azt a kijelentést, hogy a film a jelen nem lévőt jelenlévővé teszi, hiszen egy egész világot, egy egész valóságot épít fel egyszerűen a fény megfelelő alkalmazása révén. A teljes sötétségből tehát valami látható világ kerekedik ki. A Tennessee Williams-filmadaptációk többsége azonban ezt képletesen szólva a visszájára fordítja, vagyis olyan jelenléteket, amelyek kényelmetlenek, vagy a Produkciós Kód (PCA) miatt egyenesen tiltottak voltak, bizonyos mechanizmusok segítségével állandóan jelenlévő nem jelenlévővé transzformálnak. Ebben a fejezetben ezeket a mechanizmusokat fogom megvizsgálni mind vizuális, mind pedig nyelvi szinten. Az elemzés a két vizsgált szöveget – a drámát és a filmet – párhuzamosan kezeli, egymás dialogikus kiegészítéseként, nem pedig valamiféle történeti kronológia alapján „forrásként" és „adaptációként". Ezt a megközelítést a csontváz intermediális térből való feltűnése teszi lehetővé, mely – mint igazi fantom-jelenség – ellenáll a temporális logika racionalizációs kísérletének, és a médiumok közötti határvonal áthágásával legitimizálja a szövegek szimultán olvasását.

Az itt következő olvasat tehát a mediális törés mezsgyéjére összpontosít, hogy konkrét szövegelemzési problémákon, illetve fordulatokon keresztül az előző részekben vázolt elméleti fejtegetéseket gyakorlati szinten próbára tegye. Célom ezzel az, hogy egy alternatív olvasási gyakorlat körvonalait rajzoljam meg, ami kifejezetten drámák filmadaptációjának egy eleddig nem alkalmazott metodológiáját teszi lehetővé, mely túllép a napjainkban is domináns hűségkritikai elvek merev korlátain. Lacan azon meglátását is alátámasztom majd, miszerint „a metanyelv nem létezik" (Žižek 1996, 195), hiszen a csontváz demetaforizálásával tulajdonképpen az elméleti és az irodalmi, illetve filmi szövegek mind egy olvasati síkra helyeződnek.

A *Múlt nyáron, hirtelen* Sebastian Venable életéről szól úgy, hogy ő maga a szó szoros, testi értelmében véve nincs jelen. A hiányzó test történetét Catherine Holly, Sebastian unokatestvére mondja el, hiszen ő volt az utolsó, aki látta őt, ő volt utolsó útitársa, és az ifjú költő halálának egyetlen szemtanúja. Mivel az általa előadott történet nem egyeztethető össze Sebastian életének „tisztaságával", mely Mrs. Venable, Sebastian anyja szerint nyilvánvalóan korai halálára is jellemző, ezért a szemtanúra lobotómia vár, hogy „agyából kivágják a hazugságot". Mrs. Venable erre az ifjú idegsebészt, Dr. Cukrowiczot kéri fel, azzal az ajánlattal, hogy cserében jelentős anyagi gondokkal küszködő kórházát óriási apanázzsal támogatná. Bár a pénz a doktor kutatómunkáját nagyban előremozdítaná, mégis úgy dönt, hogy letér az idegsebészet számára ismert útjáról, és inkább „beszélőkúra" alkalmazásával próbál megbizonyosodni Sebastian halálának körülményeiről.[18] Az igazság napvilágra kerül, a lobotómia elmarad, és a történet *happy-end*del ér véget – legalábbis a dráma és a film elbeszélése a felszínen ezt mutatja. A csontváz ismétlődő, traumatikus pontokon való feltűnése azonban igen problematikussá teszi a sima lezárást, és ráirányítja a néző/olvasó figyelmét számos apró, alig észrevehető jelre, amelyek azt sugallják, hogy a film csupán egy burok, ami mögött egy meglehetősen traumatikus mag húzódik meg.

Ábrahám elmélete szerint a burokban mindig megmutatkozik az, amit rejt (Ábrahám 1998, 299). A csontváz egy ilyen mag manifesztációja lehet, hiszen heterogén jellegű saját környezetéhez képest – ez okozza kísérteties természetét. Mivel a dráma és a film is egy hiányzó test köré szerveződik, kijelenthető, hogy a csontváz ennek az eleve elveszett testnek a tárgyi korrelátuma vagy küldötte, ami a test jelen nem létét kísérteties jelenlétté teszi. Ez a lacani pszichoanalízis fogalomtárában az *objet petit a*, ami meghatározása szerint a vágy tárgyi okaként is funkcionál. Sebastian teste tehát a vágy tárgyi oka, hiszen eleve elveszett: egy pillanatra sem jelenik meg, hogy elvesztését „eljátssza" – vagyis eleve hiány. Minden, ami látható vagy észlelhető, e köré a fundamentális hiány köré szerveződik.

Az, hogy a csontváz Sebastian testének *spektrális teste*, nem puszta feltételezés. A csontváz a filmben akkor jelenik meg, amikor a doktor először látogatja meg Mrs. Venable-t otthonában. A kertben sétálva Mrs.

---

[18] Olyan ez, mintha Freud karrierjét látnánk sűrítve, ami már csak azért sem áll távol az igazságtól, mert a doktort alakító Montgomery Clift 1962-ben (vagyis három évvel a *Múlt nyáron, hirtelen* után) tényleg Freud bőrébe bújik John Huston *Freud* című filmjében.

Venable feleleveníti Sebastian életének fontos állomásait, valamint megpróbálja meggyőzni az ifjú doktort, hogy mihamarabb lásson munkához, és hajtsa végre az agy kasztrációjának számító műtéti beavatkozást. Amikor Mrs. Venable éppen Sebastian traumatikus élményét meséli, közötte és a doktor között feltűnik a csontváz. Észre sem veszik, egy pillantást sem vetnek rá, pedig a falra futtatott növények hátteréből igencsak kiemelkedik a furcsa jelenség.

Egyáltalán nem mellékes, hogy éppen Sebastian traumáját említi Mrs. Venable a csontváz megjelenésének pillanatában. Arról a traumáról van szó, amit Sebastian akkor szenvedett el, amikor anyjával a Galapagosz-szigeteki Encantadasra látogattak el, ahol tanúja lehetett frissen kikelt tengeri teknősök elkeseredett haláltusájának, hiszen amint tojásukból kikelve a tenger éltető és biztonságot nyújtó vize felé indultak, húsevő madarak csaptak le rájuk. Amint arra Cristian Réka M. rámutat, ez a jelenet a dráma *ősjelenete*, vagyis az a jelenet, mely a karakter tudattalanján keresztül az egész szöveg szervezőereje, tehát e jelenet traumatikus hatása sugárzik át a szöveg minden egyes mondatán, gesztusán, jelenetén.[19] És pontosan ez az a jelenet, amely Sebastian halálaként megismétlődik, hiszen éhes fiatalemberek hada kergeti az ifjú, szívbeteg költőt egy hegytetőre, ahol aztán a húsevő madarakhoz hasonlóan konzervdoboz-hulladékokkal levágják a húst Sebastian csontvázáról, hogy megegyék.

A kannibalisztikus jelenet az Ábrahám és Török által meghatározott *inkorporáció* demetaforizációjaként is elemezhető. Így a hús csontvázról való lefejtése egyrészt a konkrét traumatikus jelenet, másrészt egy pszichikai mechanizmus, ami traumatikus magot hoz létre. Ábrahám és Török a következőképpen határozzák meg az *inkorporáció* fogalmát:

> Az inkorporáció visszautasítása annak, hogy sajátunkként vegyük vissza önmagunknak azon részét, amelyet az elvesztett tárgyba helyeztünk; visszautasítása annak, hogy felfogjuk igazi jelentőségét a veszteségnek, amely, ha igazából felfognánk, átalakítana bennünket. Végső soron az inkorporáció nem más, mint a veszteség introjekciójának elutasítása. Az inkorporáció fantáziája egy hézagot fed fel a pszichikumban, rámutat valamire, ami hiányzik ott, ahol introjekciónak kellett volna bekövetkezni. (Ábrahám és Török 1998b, 133)

A meghatározás arra világít rá, hogy az inkorporáció tárgya, vagyis a bekebelezett, eltüntetett tárgy, hasadást hoz létre a psziché topográfiájában. Ábrahám és Török terminológiájánál maradva ez a zárvány maga a pszichikus sírbolt vagy kripta létrejötte, mely egy kimondhatatlan, fájdalmas

---

[19] Cristian 2001, 76. Az ősjelenet dramaturgiai definícióját Cristian *A vágy villamosa* kapcsán definiálja, ötvözve Freud fogalmát az arisztotelészi *hexis* trópusával (12-13).

titkot rejt, amely nem kerülhet napvilágra. A tárgy ebben a kriptában teljes csendben és elszigeteltségben él tovább, Valós magként a pszichében. Ezt a formációt Ábrahám és Török „megőrző elfojtásnak" keresztelte el, ami nem azonos a Freud által definiált, úgynevezett „dinamikus elfojtással", aminek során az elfojtott különböző tünetek formájában valahogyan mindig a felszínre tör. A dinamikus elfojtás esetében tehát az elfojtott maga próbál meg a felszínre jutni, míg a megőrző elfojtás esetében az elfojtott „eltemetődik, mivel sem újjászületni, sem szertefoszlani nem képes" (Ábrahám és Török 1998a, 148). Az elfojtott tehát ez utóbbi esetben nem tud visszatérni. Ezt kiváltandó, a kripta által létrehozott törés egy furcsa és bizarr idegen testben, a *fantomban* tárgyiasul.

A *Múlt nyáron, hirtelen* ezt a tárgyiasult fantomot mint *spektrális testet* mutatja meg a csontváz formájában. Az inkorporáció traumát konzerváló mechanizmusa tehát mindenképpen összefüggésben van az adaptációval, hiszen közvetlenül felelős a csontváz *mint* fantom megjelenéséért is. Nyilvánvaló, hogy ennek a mechanizmusnak a csontváz a vizuális maradványa vagy hozadéka, s mint ilyen, a képi befogadás megértésében okozhat problémákat, hiszen a kripta által rejtett titokra hívja fel a figyelmet csupán, ami hasadásként jelentkezik a vizuális mezőben. A *flashback-*narráció, amit a film valósít meg, átdolgozva így Catherine elbeszélését, a következő hasadás mentén működik: a néző figyelheti Catherine arcát, amint éppen beszél, erre rakódik rá az általa elmondottak vizuális megjelenítése, ahol mint cselekvő karakter vesz részt, és ahol Sebastian arca mindvégig szigorúan a képi síkon kívül marad. A tekintet strukturálódása így lehetővé teszi, hogy Catherine saját magát lássa, amint néz. Ez Lacan leírása szerint a szem, vagyis a szubjektum nézése, és a tekintet, vagyis a tárgy tekintetének radikális szétválasztása: a szubjektum nézését mindig eleve megelőzi a tárgytól érkező tekintet. Jelen esetben ez a Képzetes tekintet az egyetlen logikai lehetőség, hiszen a néző azt látja, amint Catherine látja magát, amint néz.

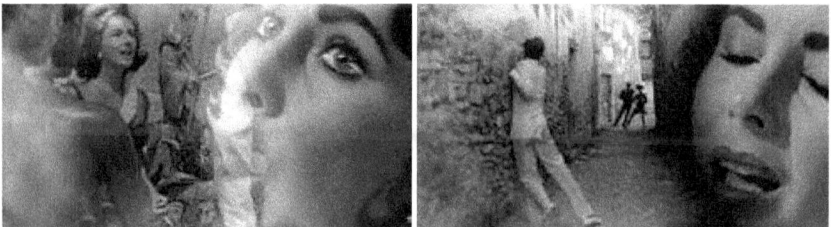

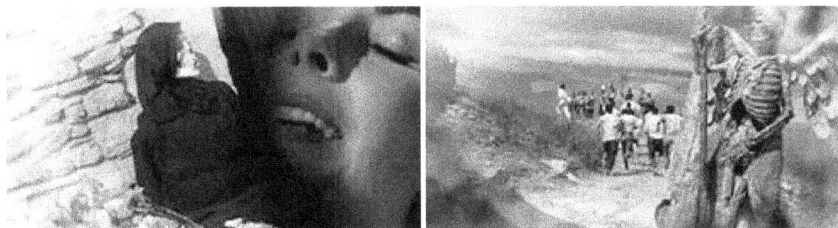

Múlt nyáron, hirtelen – Catherine *flashback*je

Ennek következtében egy olyan pontot kell keresnünk a képben, amely jelen van, de csupán nem jelenlévőként. Ez a pont a csontváz, ami a kert széléről tekintetével (mely szem híján tökéletesen megfoghatatlan) mintegy inkorporálja, bekebelezi a jelenetet, a látható mezőt. A jelenet csúcspontjának érdekessége az, hogy a csontváz az eltűnő test eltűnésének pillanata előtt megjelenik egyszer a felfelé vezető úton, egy feketébe öltözött idős nő teste helyén (hogy mire a szintén felfelé futó Catherine odaér, addigra ismét a nő jelenjen meg), majd végül a hegy csúcsán található templomrom bejáratánál. Így azt jelzi, hogy maga a tekintet is inkorporálódik ebben a *mise-en-abîme* struktúrában: megjelenése tehát valóban a spektrális test megjelenése, ami egybeesik a test eltűnésével, vagyis a test Képzetes jelenléte egybeesik saját elvesztésével. Ez az idő- és térbeli egybeesés garantálja a csontváz *mint* fantom jelenlétét a diegézisben.

Feltűnő, hogy e csontváz nem egyszerű csontváz, hanem *angyali szárnyai* vannak – ez, ha egyáltalán még lehetséges, még bizarrabbá és idegenebbé teszi ezt a spektrális testet. Tudjuk, hogy Sebastian költő volt, és így Szókratész szavai valamelyest megvilágítják a szárnyak lehetséges eredetét: „Mert lenge lény a költő és szárnyas és szent" (Platón 2000, 19 [534b]). A csontváz tehát egyrészt utal a költőre, de utalhat magára a valójában meg sem született költeményre is, amely majd éppen Catherine elbeszélésének folyamán, láthatatlanul íródik – a szárnyas csontváz tekintetével kísér(t)ve. Kísérve és kísértve egyaránt, hiszen Catherine elbeszélését a csontváz jelen nem lévő jelenléte, illetve Képzetes tekintete keretezi és közvetíti.

A csontváz *mint* fantom visszatérése azt sejteti tehát, hogy a kép „többlete" és vele a *jouissance* érkezik a nézőhöz. Annál is inkább lehet erről beszélni, mert a trauma is mint érzelmi és érzett többlet van eltemetve azon az ismeretlen és meghatározhatatlan helyen, melyet az angyal-szárnyú csontváz véd. A *jouissance* mint a Másik excesszív érzet-többlete jelenik meg a Szimbolikus képi reprezentáció és a Valós közti hasadásban, ami a csontváz megjelenése által létrejött anamorfózis eredménye. A Másik pedig láthatatlanul van jelen, mégpedig úgy, hogy keretet biztosít az *objet petit a*-nak. A kertről van szó, ami nem természetes kert, hanem Sebastian alkotása, s mint ilyen – fakuló, a növények nevét latinul prezentáló kis tábláival –

kísérteties jelleget ölt. Sőt, a traumatikus jelenetet, vagyis az ősjelenetet is reprezentálja: a kert közepén, gondosan üvegbúra alatt, egy különleges *húsevő* növény, egy Vénusz légycsapója található, ami a csontvázhoz hasonlóan a *jouissance* pillanatát jelenti. Az üvegbúra így egy olyan virágot inkorporál, mely egyértelműen a traumatikus jelenet metonímiája, és minden egyes „etetés", melyet Mrs. Venable nem tud elviselni, a test eltűnésének felelevenítése. A test tehát saját eltűnésében, *jouissance*-ként jelenik meg, mint a halál pillanata, amely szimbolizálhatatlan magként vésődik be a kert furcsa textúrájába. Williams leírásában ez a kert egy boncoláshoz hasonlít: „Hatalmas favirágok láthatók, melyek egy test szerveit idézik, kitépve, még meg nem alvadt vértől csillogva" (Williams 1968, 113 – Saját fordítás). Nem lehet másképpen érteni ezt a jelenést: a kert helyettesíti, és szó szerint reprezentálja, vagyis meg*jelen*íti Sebastian bekebelezett testét. Az elvesztett test tehát önnön eltűnésében többszörösen is jelen van.

Ez azért kiemelkedően fontos, mert Sebastian a dráma szövege alapján egyértelműen homoszexuális – ami 1959-ben tabu téma volt a vásznon. John M. Clum szerint Sebastiannak – több más Williams-figura mellett – kifejezetten szexuális beállítottsága miatt kellett mártírként meghalnia, mivel ezek a karakterek sorra megsértették „a számukra előírt szerepeket a patriarchális biológiai nem/társadalmi nem rendszerében" (Clum 1997, 128 – Saját fordítás). A film azonban a fundamentális tekintet helyébe állítja a homoszexuális testet, amely kiforgatja a hollywoodi *happy-end* felszíni befejezését. A homoszexuális test jelen nem lévő jelenlétté tételével tulajdonképpen Williams és az adaptációban mellette közreműködő Gore Vidal kimondatlanul a film egyik középponti témájává és állandóan kísértő lehetőségévé tette azt, aminek tilos volt megjelennie. Jól látható: az adaptáció áthágási aktusának maradványát, a csontvázat használták e kényes téma életben tartására, mégpedig úgy, hogy a csontvázat (és persze Catherine-t, valamint a hallgatásba és tagadásba burkolózó Mrs. Venable-t) a homoszexuális kapcsolatok tanújává tették. Így a fantom visszatérése ezt a titkot minden egyes alkalommal magával hozza, de az elrejtés céljából létrehozott kép mögé bújtatva.

Visszatérve a csontváz szárnyának jelentőségére: a furcsa végtag a Sebastian név mitikus referenciájaként is értelmezhető – így Szent Sebestyénre utalhat. Ezt erősíti meg a Sebastian stúdiójában kiállított festmény is, amelyet Brian Parker Guido Reni *Szent Sebestyén* című alkotásaként azonosít (Parker 2000). Parker szerint a festmény a huszadik század elejének egyik legkedveltebb homoszexuális reprezentációja volt, amelyet Oscar Wilde „mind közül a legszebb festménynek" titulált – ráadásul Williamset is megihlette (ibid.). Parker argumentuma és történeti adalékai érdekes aspektusát fednék fel az intermediális dialógusnak, azonban sajnos a filmből egyértelműen kiderül, hogy a stúdió falán korántsem Reni festménye függ, hanem egy másik, nem kevésbé népszerű alkotás: Sandro

Boticelli 1474-es festménye (Dragon 2008, 182-183).

Bal oldalon a kép a filmből; középen Guido Reni festménye (c. 1616; Dulwich Galéria, London); jobbra Sandro Boticelli alkotása (1747; Staatliche Museen, Berlin)

Sebestyén az ókori Rómában élt, a hadsereg íjász tisztje volt, és csupán annyi bűne volt, hogy áttért a keresztény hitre. Halálra ítélték, és az ítéletet saját katonáinak kellett végrehajtani: ezt örökíti meg a festmény, illetve számos más, úgynevezett „*camp*" reprezentáció.[20] Sebestyént társai egy póznához kötözve hagyták a kivégzés után, és azt hitték, meghalt. Nem így történt azonban, és egy éppen arra járó özvegy hazavitte magához, és meggyógyította. Így néhány hónappal később Sebestyén ismét megjelent Róma utcáin (Diós 1984, 49-51). Az angyali szárnyak tehát bizonyos értelemben költeményként inkorporálják Sebastian másságát.

Eddig tehát arra koncentráltam, hogy a film elbeszélésébe bevésődő szubjektív nézőpont miképpen fedi el és utal egyszerre a mediális törés jelenlétére. Williams a homoszexualitás tabutémáját alkalmazza elfojtott történetként, de az implicite áthágásra utaló tematika egy másik titkot, egy másik áthágás traumatikus magját fedi: a két médium, dráma és film közötti törésvonalat. Hiszen a csontváz végső soron az adaptáció áthágási aktusának Képzetes maradványa, a homoszexualitás jelölőjeként csupán tovább radikalizálja a jelenés nyilvánvalóan „más", azaz heterogén jellegét.

A homoszexualitás és Szent Sebestyén mitikus figurájának kapcsolata

---

[20] Szent Sebestyén mártír-póza a homoszexualitás egyik kedvelt és igen gyakran alkalmazott bújtatott képi referenciájává vált a huszadik század elejére. Lásd: Kaye 1996, 89.

nem csupán a látható regiszterében jelenik meg, mint ahogyan az inkorporáció mechanizmusa sem csak erre a területre korlátozódik. A következő példa, melyet elemezni fogok, a verbális szinten történő törés inkorporációjára hívja fel a figyelmet, mely az adaptáció folyamatában a mediális törés jelenlétét talán a legnyilvánvalóbban érzékelteti. Ismét a filmben *flashback* formájában, a drámában egyszerűen visszaemlékezésszerűen megjelenített traumatikus jelenethez fordulok, de ez esetben nem a csontváz a vizsgálat középpontja, hanem egy apró pont, ahol a film és a dráma radikálisan eltér, holott tökéletesen azonosnak tűnnek. Egy elbeszéléstechnikai kérdésre fogok koncentrálni, amely a dráma és a film dialógusát a mediális törés fényében világítja meg.

Amikor Catherine arra kényszerül, hogy felidézze a múlt nyáron történt eseményeket (azaz a traumatikus jelenetet és az azt röviddel megelőző időszakot), azt is elmeséli, hogy Sebastiannak miért volt szüksége alkotó útjain nők társaságára. Catherine a következőképpen tárja fel az igazságot:

> Don't you understand? I was PROCURING for him! ... [Mrs. Venable] used to do it, *too*. ... *Not consciously!* She didn't *know* that she was procuring for him in the smart, the fashionable places they used to go before last summer. ... I knew what I was doing.

> [Hát nem érti? KERÍTETTEM neki! ... [Mrs. Venable] *is* ezt tette ... *Nem tudatosan!* Nem tudta, hogy kerített neki az elegáns, divatos helyeken, ahová múlt nyár előtt mentek. ... Én tudtam, mit csinálok.] (Williams 1968, 152 – Saját fordítás)

Az angol eredetiben a „procuring", vagyis a „keríteni" szó igen hangsúlyos formában jelenik meg. A nők – eleinte Mrs. Venable, majd Catherine – tehát más férfiak figyelmét hívták fel Sebastianra, vagyis „csaliként" szolgáltak, nem pedig a vágy tárgyaiként. Kontaktusokat, kapcsolatokat teremtettek és tettek társadalmilag elfogadottá, így fenntartva Sebastian arisztokratikus tisztaságát. Ez a túlhangsúlyozott, csupa nagybetűvel írott szó azonban hiányzik a filmből. Helyette egy túlságosan is feltűnő, jól kivehető ugrás látható a kép azon részén, ahol Catherine elbeszélői arcát láthatjuk. Első látásra úgy tűnik, mintha a vágás azon a ponton hibázna, megszakadna a képek egymásutániságának sima folyamata, de a dráma szövege betölti az űrt, amit a „hiba" előtérbe helyezése okoz. Olyan momentum ez, amely a megértés folyamatában egy gátat emel, amit ha a néző észrevesz, és megvizsgál, akkor felnyitja az elbeszélés egységesnek tűnő koherenciáját: egy anamorfikus pillanat, ahol ugyan nem jelenik meg semmi, de a nézői szubjektumot kibillenti mindenható-mindenlátó helyzetéből, és a tekintet előidejűségére hívja fel a figyelmet, minek következtében a nézés két pillanata közti hasadás a Valós jelenlétére, vagyis a mediális törésre vet fényt.

A szó hiánya és a furcsa filmes hibának tűnő vágás korántscm véletlenszerű vagy pusztán esztétikai megfontolás eredménye. A film producere, Sam Spiegel a *The New York Times* számára adott interjújában kifejtette, csak úgy sikerült a filmnek átmennie a PCA cenzúráján, hogy a film készítői beleegyeztek két apróbb rész kivágásába: az egyik egy olyan jelenet volt, amelyben két fiatal találkozik és kezdeményez kapcsolatot Cabeza de Lobón, a másik pedig a *„procuring"* szó volt.[21] A monológbéli zavaró ugrás, a hibának tetsző *jump cut* ennek fényében egyértelműen dialogikus marker, mely egyszerre a cenzúra és a drámai utalás jelölőjeként is funkcionál.

A filmre adaptált monológ tehát a hiányt, a szó hiányát vési be az elbeszélésbe. Feltételezhető tehát, hogy a *„procuring"* szó valami titkot rejt, mely hiányán keresztül van jelen, innen kísérteties hatása. Egy olyan inkorporált, kriptába zárt titokról lehet itt szó, amely valami miatt kimondhatatlan, és valószínűleg hihetetlenül fájdalmas, ezért nem csupán dinamikus elfojtás áldozata lett, hanem megőrző elfojtásé. Ez a feltételezés azt vetíti előre, hogy itt nem a szó nyilvánvalóan homoszexuális allúziója lényeges az adaptáció szempontjából, hiszen az csupán elfedése egy sokkal mélyebb, rejtettebb és fájdalmasabb titoknak. Ezt a titkot pedig a *„procuring"* szó inkorporálja.

Az, hogy a szó olyannyira szembetűnő a dráma szövegében nem feltétlenül jelenti azt, hogy az olvasó rögtön észreveszi: ennek legadekvátabb illusztrációja Edgar Allan Poe „Az ellopott levél" című novellája, illetve annak Lacan által adott értelmezése (Lacan 1989, 301-320). Pedig a szó a szövegtipológiai kiemelés folytán kísérteties (*unheimlich*) szóvá válik, melynek jelentése ezért implicite túl kell, hogy mutasson önmaga nyilvánvaló jelentésén, még akkor is, ha ez a nyilvánvaló jelentés maga szubverzív. A nyilvánvaló szubverzivitás ugyanis a dinamikus elfojtott visszatérését helyezi előtérbe, ami a szöveg *queer* olvasatát legitimizálja. Bármily radikális is legyen ez az olvasat, bármilyen mértékben forgassa is ki magából a szöveg diskurzusának ideológiai építményét, bármennyire rázza is föl az olvasót – csak egy ennél erőteljesebb titok hatékony elfedése lehet. Persze minél inkább titkosnak tünteti fel magát saját nyilvánvaló előtérbe helyezésével, annál inkább érzi úgy az olvasó, hogy „felfedte a szöveg titkát." Pedig csupán a fantomot segítette munkájában, akinek logikája az első részben részletesen kifejtett kísérteties, racionalitást semmibe vevő logika: a fantom

---

ugyanis azért mutat valamit, hogy valami mást még hatékonyabban elrejtsen. Derridát idézve: szólítsuk hát meg ezt a fantomot, ne hagyjuk, hogy elhitesse, egy burok formájában a magot tárja elénk, nézők elé.

Mint ahogyan magánál a fantom vizuális definíciójánál is tettem, ismét az etimológiát hívom segítségül. Morfológiáját tekintve, a *„procuring"*, illetve szótári alakját tekintve *„procure"* szó a „pro" és a „cure" szavak összetételeként elemezhető. Ezt valaki „gyógyításaként", valaki „kúrájaként" fordíthatjuk (*„for the cure of"*). Ez azonnal felveti a fentebb idézett mitológiai aspektust, ami Szent Sebestyén referenciájaként szerepelt. Az özvegyre utalhat a szó, Irénre, aki meggyógyítja a kivégzése után haldokló ifjút. Catherine mondata tehát úgy fordítható át, hogy „Én *kúráltam* Sebastiant" – mely mondatban az „én" névmás Irén neve helyére került.[22]

A *„procure"* latin eredetű szó, a *procuro* angol megfelelője. Első helyen az a jelentés áll, amit a morfológiai összetétel fedett fel, tehát „gondoz", „ellát". Ez tehát ismételten a mitológiai referenciát eleveníti föl. A szó másik jelentése azonban váratlan értelmezési lehetőséget nyit meg: a szó ugyanis áldozattal történő kiengesztelést is jelent (Tegyey 1992, 289). Ez a jelentés világítja meg igazán a kriptába zárt titkot, mely Catherine-t és visszaemlékezésén keresztül az elbeszélés egészét kíséri. Az a mondat ugyanis, hogy „I was PROCURING for him", vagyis „KERÍTETTEM neki", valójában a következő rejtett mondatot, vagyis Valós tartalmat visszhangozza: „Én (Catherine) kielégítetlen vágyamat Sebastian áldozatával engeszteltem ki". A Szent Sebestyénre utaló nyilvánvaló referenciák (a festmény, a csontváz angyalszárnyai, továbbá a Catherine és Sebastian által látogatott strand neve, a végzetes üldözés kiindulópontja, La Playa San Sebastian) mind ebbe a szóba (*„procure"*) inkorporálódnak, ami azután hiányként, a vágyra utaló űrként vésődik az elbeszélés szövegébe. Ezt követően homonimikus kapcsolat révén a szó egy fantáziát hoz létre, melyben a szeretet-tárgyat, mely megtagadja a vágyott kielégülést, a szubjektum feláldozza.[23] Így Catherine számára az igazi traumát nem is annyira Sebastian elvesztése jelenti, mint inkább az, ahogyan Valós vágya a szeme előtt elevenedik meg a kannibalisztikus jelenetben. Ez a *jouissance* mint a Valóssal történő lehetetlen találkozás pillanata. Sebastian

---

[22] Megjegyzendő, hogy Catherine először akkor találkozik Sebastiannal, amikor egy bál után megerőszakolja őt egy idegen férfi – ekkor Sebastian a segítségére siet, úgymond megmenti őt (éppen a mítosz fordítottjaként). Ez az a pillanat, amikor Catherine vágya Sebastian felé irányul, ami mindvégig kielégítetlen marad.

[23] Az ilyen elemzési módszert Ábrahám és Török *kriptonímiának* nevezi. A kriptonímia olyan szavak vizsgálatát jelenti, amelyek valami titkot rejtenek (innen a szóösszetétel eleje: a görög *crypto* „elrejtést" jelent), és használatuk enigmatikussá vagy akár értelmezhetetlenné tesz egy szöveget vagy történetet. (Lásd erről részletesen Rand Miklós (Nicholas Rand) bevezetőjét, in Ábrahám és Török 1986, li-lxix.)

kannibalisztikus áldozata az inkorporáció fantáziájának demetaforizációja tehát, és mint ilyen, maga a Valós traumatikus mag.

A doktor *mint* pszichoanalitikus és mint a nézői azonosulás nézőpont által kijelölt tárgya teljességgel vak marad mind a vizuális reprezentációk, mind pedig a verbális allúziók elfedő funkciója iránt. Nem is értheti így, hogy a Catherine titkát őrző kripta fala így sokkal erősebb lett, mint volt valaha, ezért azt mondhatjuk, hogy ha a néző nem tudott másodlagos azonosulásából kilépve az anamorfózis segítségével máshová nézni, mint ahová az elbeszélői vágy irányítása alatt kénytelen volt, akkor a film és a dráma vége egy furcsa, nem igazán katartikus *happy-end*et hoz számára. A Catherine beszédaktusaiban hasbeszélőként megnyilvánuló idegen test, a fantom ugyanis jelzi, hogy a kripta érintetlen maradt, mégpedig egy meglehetősen feltűnő és ismételten *túlságosan is nyilvánvaló* módon.

Catherine még a doktorral való első találkozásakor azt mondja, hogy egy trauma hatására egyes szám harmadik személyben kezdte el írni naplóját. Az „én" nyelvi megnyilvánulását valami blokkolja, valami űr tátong a helyén. Az egyetlen kivétel a traumát rejtő „I was PROCURING for him!" mondat, melyben a szubjektum mint beszélő én tulajdonképpen először és utoljára jelenik meg a drámában – a filmben ez a lehetőség eleve nincs meg. Amikor véget ér a traumatikus jelenet felidézése, azt várja a néző, hogy a doktorral és a görög *orchestra* felépítésének és elrendezésének megfelelően elhelyezkedő „kórus" tagjaival együtt megnyugodhat, hiszen a fájdalmas titok napvilágra került, Catherine „meggyógyult", így semmi szükség agyának kasztrációjára. Mi több, egy igazinak tűnő hollywoodi románc is kialakulóban van, hiszen a páciens és orvosa minden jel szerint egymásba szerettek.

Az egész *happy-end*del probléma van, mondhatni majd minden aspektusával. Először is, azt a szerelmet, illetve a szerelemnek azt az érzését, mely analitikusi kapcsolatban alakul ki, ráadásul egy múltbéli elvesztett szeretet-tárgy visszaidézésének és a hozzá kapcsolódó érzelmek lereagálásának következtében, a pszichoanalízis „áttételnek" nevezi. Vagyis Catherine Sebastian iránti vágya a doktorra tevődik át, így aktualizálódik, vagyis ennek következtében válik felidézhetővé, és a vágy *mint* késztetés (vagyis a Valós vágy) így érkezhet ismét a *jouissance* traumatikus formájában a szubjektumhoz/Catherine-hez. Azonban ezt az áttételt senki nem veszi észre – főképpen az orvos nem: igaz érzelemnek veszi Catherine vágyának áttételét. Pedig Catherine számára a doktor már nem Dr. Cukrowicz, hanem maga Sebastian. Ráadásul ezt látszik alátámasztani az *anya*, Mrs. Venable felismerése/félreismerése is (amennyiben az anya *mint* Másik *tévedhet*), aki már a következő nyári utat tervezi „visszakapott" fiával, úgy társalogva vele, mintha Sebastian most érkezett volna vissza a „hosszú útról"[24]. Olyan

---

helyzet ez, mintha a doktor a csontváz *objet petit a* funkcióját venné át úgy, hogy azt nem veszi észre – mint ahogyan azt sem hajlandó tudomásul venni, hogy az idős anya folyamatosan úgy beszél vele még ezt megelőzően is, hogy kihangsúlyozza, testileg és mondatait tekintve is meglepően hasonlít elhunyt fiára.

Továbbá az is elkerüli a figyelmét, hogy miután Mrs. Venable elhagyja a színteret, és ő visszamegy Catherine-ért a kertbe, Catherine a Vénusz légycsapója közeléből válaszol a férfi hívó szavára: „Itt van! Miss Catherine itt van!" Ez azt jelenti, hogy Catherine nem szabadult meg a beszédaktusait hasbeszélőként irányító fantomtól, azaz a titok, amint fentebb felfedtem, továbbra is titok marad a doktor *mint* analitikus szemében. Mosolyogva áll tehát saját, élve eltemetett *jouissance*-szának képi reprezentációja mellett, az elveszett testben (vagyis a kertben) inkorporálódva. Éppen ez az utolsó „csavar" az elbeszélésben: a dráma szövegéhez képest bevésődött radikálisan szubjektív nézőpont, a tekintet ugyanis a kert, vagyis az eltűnt test tekintete. Ez a tekintet határozza meg végső soron a film reprezentációs mechanizmusát, mely azonban nem a klasszikus, heteroszexuális mátrixot alkalmazza egy hollywoodi románc megjelenítésének céljából. Pontosabban szólva ezt a sémát alkalmazza, de kifordítva önmagából, más történetek lehetőségével.

A fenti elemzésben a dráma és a film dialógusát mint az adaptáció vizsgálatát két részre bontottam: egy vizuális és egy verbális vizsgálatra. Azért választottam ezt az utat, hogy rámutassak arra, hogy az, ami az egyik szövegben jelenlét, a másikban pedig hiány, egy olyan intermediális jelenlétet feltételez, mely egyikben kísérteties reprezentációként jelenhet meg, míg a másikban éppen a hiány oka váltja ki ugyanezt a kísérteties hatást. Így a csontváz vizuális jelenléte a film szövegében és hiánya a dráma szövegében ugyanazon szinten funkcionál, mint amelyen a „*procure*" szó jelenléte a drámában és bevésődött hiánya a filmben. Mindkét szituáció egy elfedésre hívja fel a figyelmet, mely elfedés egy újabb elfedést takar. Így működik a homoszexuális allúzió a látható mezőben és a verbalitás szintjén (Szent Sebestyén és a „*procure*" első jelentése): rejtett magként jelenik meg, ami a fantomi logika szerint csupán egy újabb burok, amely így hatékonyabban képes elfedni valami mélyebb, fájdalmasabb traumatikus magot. Ábrahám fantomelméletével és annak a vizuális jelenségekre is alkalmas újrafogalmazásával (a spektrális test fogalmában) azonban rámutattam ennek a többszörös elfedési aktusnak a természetére és működési mechanizmusára. Ily módon egy olyan szövegréteget azonosítottam, mely megőrző elfojtás alatt állt egy bizonyos inkorporáció eredményeképpen. Rámutatva az inkorporáció eredetére, a kriptában

---

eleve elvesztett tárgy (Fred) úgymond „hosszasan úszik Kínába" („taking a long swim to China"), és Shannon is erre készül: Williams 1976, 284; 305; 310.

cltcmctctt titok is a fclszínrc került, mely azonban egy elhallgatott vagy elhallgattatott történetet tárt fel. Ez a történet a film *happy-end*jét és az elfojtott homoszexuális történetet is elfedési aktusoknak minősítette.

Az adaptáció elemzése így a mediális törés jelen nem lévő jelenlétére vetett fényt, hiszen az inkorporáció csakis e törésvonalon jelentkezhetett (hiszen minden inkorporáció a dráma és a film titokmegjelenítésében vagy meg nem jelenítésében gyökerezett). Ebből az is következik, hogy a kriptába zárt titok csak és kizárólag a dráma és a film dialógusán keresztül lokalizálható, és csakis ezen dialógus kereteiben értelmezhető.

IV. 2. „HOGYAN MONDJAM EL NEKED, AMIT NEM LEHET?": A VILLAMOS, A MACSKA, A MADÁR ÉS AZ IGUÁNA

Ebben a fejezetben *A vágy villamosa*, a *Macska a forró bádogtetőn*, *Az ifjúság édes madara* és *Az iguána éjszakája* kapcsán a dialóguson alapuló adaptációs vizsgálatok során azt igyekszem körüljárni és megmutatni, hogy a klasszikus hollywoodi elbeszélési stratégiába bújtatott, de azt szubverzív módon kihasználó adaptációs stratégiák miként működtetik a mediális törés más-más formában történő reprezentációjával Tennessee Williams ezen szövegeit. Amint látni fogjuk, az itt tárgyalt filmek adaptációs stratégia szempontjából némileg különböznek a *Múlt nyáron, hirtelen* által bemutatott metódustól, ám strukturális és ideológiai szempontból mégis rengeteg hasonlóságot fedezhetünk fel. A fejezetben vizsgált adaptációk kettő – a *Macska a forró bádogtetőn* és *Az ifjúság édes madara* – kivételével különböző rendezők és filmkészítői csoportok valamint producerek és stúdiók munkái, így külön érdekesség, miben és mennyire hasonlítanak – vagy éppen különböznek – egymástól adaptációs stratégia tekintetében. Az elemzések középpontjába minden esetben az aktuális intermediális dialógust működésbe hozó mediális törést helyeztem, amelyen keresztül a vizsgált adaptációk egyértelmű rokon vonásokat mutatnak fel, és egyfajta adaptációs „térképet" hoznak létre a Williams *oeuvre* keretein belül.

Többnyire mindegyik dráma adaptációjában fellelhető a kor cenzúrájának nyoma, amely olyan tartalmakat nem engedett filmre vinni, amelyek a drámák központi tematikáját adták. A filmkészítőknek így oly módon kellett a cenzorok diktátumainak megfelelően lavírozniuk, hogy mindeközben a Williams által hangsúlyozott tartalmak, melyek legtöbb esetben a karakterek motivációit, illetve a cselekmények mozgatórugóit is jelentik, valamiképpen mégis a vászonra kerüljenek, hogy a történetek működőképesek maradjanak. Arra teszek kísérletet, hogy a *Múlt nyáron, hirtelen* adaptációs stratégiájához hasonlóan rámutassak a filmek elfedési mechanizmusaira, melyek meginvitálják és beindítják a mediális töréseken keresztül az intertextuális és intermediális dialógust. Fontos hangsúlyozni, hogy nem csupán a dráma és a film lép a dialogizmus útjára ezekben az esetekben, hiszen a Williams-filmek érdekes mód egymással is igen explicit kapcsolatot teremtenek – többnyire a drámai szövegek nélkül is.

IV. 2. 1. A VÁGY VILLAMOSA

A vágy villamosa több szempontból is filmtörténeti mérföldkőnek számít, mindamellett, hogy alapvetően határozta meg a Tennessee Williams drámák adaptációinak sokaságát. Egyrészt a film a kortársakhoz képest merész, cenzúrával dacoló reprezentációs mechanizmusa és cselekménykezelése egy új műfaj kialakulását jelezte, ami bizonyíthatóan hozzájárult a cenzorintézmények befolyásának gyengítéséhez. Másrészt a nézők körében kialakította azt az igényt, amely a minőségi felnőtt művészfilm kategóriájának nyitott utat (ide lehet később sorolni például az egyébként is Williams mellett emlegetett, Edward Albee drámájából készült, Mike Nichols által rendezett *Nem félünk a farkastól* [*Who's Afraid of Virginia Woolf*, 1966] című filmet, megannyi más kortárs dráma- és regényíró adaptált művei mellett), és teremtett piacot az éppen történetének legrosszabb időszakába lépő hollywoodi filmgyártás számára. Harmadrészt pedig – elsősorban Elia Kazannak köszönhetően, aki a *method acting* elnevezésű színésziskolát preferálta – megalapozta azt a tendenciát, amelynek köszönhetően számos Williams-adaptáció főbb szereplője vált az adott film révén ikonikus színésszé, illetve színésznővé. Elég csak Marlon Brando, Paul Newman vagy Elizabeth Taylor nevét említeni; és bizonyos értelemben Vivien Leigh is ide sorolható, még akkor is, ha az ő karrierjével kapcsolatosan az *Elfújta a szél* (*Gone with the Wind*, 1939, rendezte: Victor Fleming) című filmet szokás emlegetni, ugyanis *A vágy villamosa* definiálta újra az addig megszokott, jellegzetes karakterét.

Insert A dráma középponti karaktere Blanche DuBois, valójában az ő élettörténetének egy meglehetősen turbulens szakaszát láthatjuk, amelynek során a realitásoktól egyre inkább egy fantáziavilág felé indul, hogy a dráma végén teljesen átlépjen egy másik, több jelölő szempontjából is Képzetes, imaginárius világba. Blanche karakterének és történetének egyértelmű előképét találhatjuk meg két egyfelvonásos Williams-darabban, a *Portrait of a*

Madonna (1944) és a *The Lady of Lakspur Lotion* (1941) hősnőiben. Ennél azonban kissé rejtettebb intertextuális kapcsolat is felfedezhető a Williams *oeuvre*-ben, hiszen maga *A vágy villamosa* eredetileg egy rövid vázlatként született meg még az *Üvegfigurák* New York-i próbái alatt, *Blanche's Chair in the Moon* címmel, mégpedig az *Üvegfigurák* egy jelenete alapján, amelyben Blanche a holdfényben ül és várja, hogy megérkezzen a magyarra „férfi vendégként" fordított *gentleman caller* – aki azonban a jelek szerint nem fogja meglátogatni őt sohasem (Philips 1980, 66). A darab a Broadwayn nyitott 1947. december 3-án, és az előző Williams-színműnél, az *Üvegfigurák*nál is zajosabb sikert aratott. *A vágy villamosa* volt az első amerikai színmű, amely egyszerre mindhárom rangos díjat megkapta, hiszen elnyerte a Pulitzer-díjat, a New York Critics Circle Awardot (amelyet Williams immáron másodszorra tudhatott magáénak), valamint a Donaldson Awardot is, amely egyértelműen megalapozta Williams hírnevét (67). A Broadwayn elért sikereken felbuzdulva Williams a darab rendezőjével, Elia Kazannal kezdett el dolgozni a dráma filmadaptációján.

A vágy villamosa Blanche DuBois történetét mutatja be, pontosabban azon próbálkozásait, melyekkel férje, Allan Grey halálát és az ahhoz vezető utat igyekszik feldolgozni. Blanche bejelentés nélkül érkezik New Orleansba húgához, a rég nem látott Stellához és férjéhez, Stanleyhez, mint később kiderül azért, mert se otthona nincs többé, se pénze, hogy fenntartsa magát. A Kowalski-házaspár életét fenekestől felforgatja a rokoni látogatás, és a felmerülő konfliktusokból rajzolódik ki a protodramatikus cselekmény traumatikus magja is: Blanche férjét, a fiatal költőt, egy szobában félreérthetetlen pozícióban találta egy idősebb férfival, amire megvetésének és undorának adott hangot. Allan nem tudta elviselni felesége viselkedését, ezért inkább az öngyilkosságba menekült, végérvényesen tönkretéve ezzel Blanche életét. Blanche apránként idézi fel a traumatikus mag történetének részleteit, és csupán Stanley munkatársának, az éppen udvarló Mitchnek fedi fel a teljes valóságot, akit őszintesége miatt hamarosan el is veszít. Furcsamód a traumatikus pillanat Blanche számára a visszaemlékezések során nem is annyira Allan homoszexualitása vagy maga a megcsalatás, sokkal inkább önnön viselkedése, ami Allan kétségbeesett cselekedetéhez vezetett.

New Orleans-i tartózkodása során Blanche folyamatos összetűzésbe kerül Stanleyvel, aki azon fáradozik, hogy megtudja, hová lett a tetemes DuBois-vagyon, mire költötte el Blanche azt az örökséget, amelyből a babát váró Stella és házastársként közvetve ő maga is részesülhetne. Blanche igyekszik minden tőle telhetőt megtenni azért, hogy kerülje a témát és a konfrontációt, ám Stanley nyomozni kezd, és megtudja, hogyan is élt Blanche azelőtt, hogy megérkezett volna New Orleansba. Blanche eközben Mitch udvarlását fogadja, próbálva valamiféle menekülési útvonalat találni egy új életbe – Mitch azonban Stanleytől tudomást szerez Blanche viselt dolgairól, és elzárkózik minden további találkozótól. Stella elvonul megszülni gyermekét, így Stanley egyedül marad a lakásban Blanche-sal, aki immáron képzelgéseinek él, és azt próbálja meg elhitetni mindenkivel (legfőképpen önmagával), hogy egy milliárdos úriember csapja neki a szelet, akivel hamarosan elhajóznak. Stanley kihasználja az alkalmat, és elégtétel gyanánt megerőszakolja felesége nővérét. A testileg és mentálisan is meggyötört Blanche-t elmegyógyintézetbe küldik, míg Stella, immáron gyermekével visszatérve, megtudja, mit tett férje a nővérével, és – a dráma kétértelmű befejezésével ellentétben a filmverzió szerint – elzavarja Stanleyt a lakásból.

A homoszexualitás témáján túl jól látható, hogy a testi erőszak és Blanche nimfomán viselkedése sem volt olyan téma, melyet az 1950-es évek elején a cenzorok szívesen láttak volna a vásznon. Amint azt Cristian Réka M. kifejti, az 1930-as évek második felétől két intézmény is cenzori hatalommal bírt: a Catholic Legion of Decency és a már korábban említett PCA (Cristian és Dragon 2008, 73). Utóbbit a Motion Picture Producers and Distributors Association (MPPDA – 1945 után a mai napig működő, jelenleg a korosztály-besorolásért felelős Motion Pictures Association of America néven ismert szervezet) vezetőjének, William Harrison Haysnek a nevéhez fűződő tiltólista miatt Hays-kódként is szokás emlegetni (ibid.). Ezen a tiltólistán számos olyan tétel szerepel, amely alapján *A vágy villamosa* adaptációját első ránézésre lehetetlen feladatnak mondhatnánk, hiszen a tematikán túl a nyelvezet és az erőszakos, túlfűtött cselekmény sem tud illeszkedni a Hays-kód által előírt morális elvárásokhoz, még akkor sem, ha konkrét vizuális utalásokban az adaptáló igyekszik képi metonímiákkal és metaforákkal élni. R. Barton Palmer szerint *A vágy villamosa* egy olyan filmtörténeti közegbe érkezik 1951-ben, amelyet az európai művészfilmek – amik megkerülték a PCA-t, hiszen nem az Amerikai Egyesült Államok területén készültek – tulajdonképpen előkészítettek a hasonló tematikával operáló amerikai gyártású filmek számára is (Palmer 1997, 214), mivel egy egyre jelentősebb piaci résre hívták fel a gyártók figyelmét.

A Catholic League of Decency cenzorai a „C" minősítést adták a filmnek, amely a *condemned*, vagyis „elítélt" jelzőt rejti: tulajdonképpen ezzel a film bemutatását próbálták megakadályozni (Cristian és Dragon 2008, 73). Palmer három olyan pontot emel ki a drámából, amelyek megváltoztatását kérte a PCA a bemutatás engedélyezéséért cserébe a film készítőitől, Kazantól és Williamstől (Palmer 1997, 218). A Joseph Breennel folytatott tárgyalások során az első kifogás Allan homoszexualitására vonatkozott: a filmverzió nem mutathatta be és nem is utalhatott a Kazan által is perverziónak titulált szexuális orientációra. Ehelyett „gyengének" kellett minősíteni a karaktert (ibid.), amely azonban – mint látni fogjuk a dialógus alapján – az adaptált változat nyilvánvaló logikai inkonzisztenciája miatt talán még erőteljesebben utal a titkolt témára. A második kifogás Blanche

„nimfomániájára" vonatkozott: itt egy olyan megoldást kértek a filmkészítőktől, hogy a fiatalabb közönség ne értse pontosan, mire utalnak Blanche viselt dolgai, de a felnőtt korosztály számára már világosak legyenek a célzások – természetesen úgy, hogy a hangvétel elítélést szorgalmazzon. Kazan néhány hangsúly eltolásával ezt a problémát is megoldotta, amelyet támogatandó Vivien Leigh alakítása finoman relativizálta a témát.

A harmadik kifogásolt tényező azonban már olyan strukturális jelentőségű alkotóelemre vonatkozott, amelyből sem Williams, sem Kazan nem akart engedni, hiszen az egész film motivációját és a történet kifutását tette volna tönkre: a cenzorok azt a jelenetet szerették volna teljes egészében eltüntetni, amelyben Stanley megerőszakolja Blanche-t (ibid.). Breen és a cenzorok ezzel a kéréssel és a filmkészítőkkel való szembenállással két okból is borotvaélen táncoltak: egyrészt korábban a *Biciklitolvajok* (*Ladri di biciclette*, 1948, Vittorio de Sica) amerikai sikere finoman szólva is foltot hagyott a filmet mindennek elmondó hivatal hírnevén, hiszen a közönség ítélete felülírta a cenzúra diktátumát, amely tényező az egyébként bajban lévő hollywoodi stúdiók számára teljesen világos üzenet volt; másrészt Williams drámája korábban megkapta – többek között – a Pulitzer-díjat, vagyis olyan műről van szó, amelynek nívója magasan az átlag fölötti – ezzel még a PCA sem vitatkozhatott, nem beszélve a mű Broadwayn elért kirobbanó sikeréről. Végül bármennyire is ragaszkodott a cenzor a jelenet elhagyásához, Kazan mégis leforgatta azt – csupán ügyes filmformai megoldásokat alkalmazva, amelyek által a jelenet nem vált direkt, brutális bemutatássá: sokkal inkább a néző fantáziájára és értelmezői készségeire hagyva a cselekmény pontos értelmezését. Breen a film előzetes bemutatójakor tulajdonképpen észre sem vette, hogy a jelenet bent maradt – csupán apróbb, nüansznyi változtatásokat kért Kazantól, és megadta a film bemutatásához szükséges engedélyeket (218-219).

A vágy villamosa – az erőszaktétel jelenete

Talán az sem elhanyagolandó filmtörténeti adalék, hogy az ugyancsak Vivien Leigh főszereplésével készült óriási siker, az *Elfújta a szél* korábban szintén nehéz feladat elé állította a cenzorokat – ráadásul szinte kísérteties módon, mintegy a Williams-adaptáció előszeleként, ott is egy szexuális crőszak jellegű kérdésben kellett dönteni. Fleming adaptációjában Rhett Butler (Clark Gable) a tiltakozó Scarletet (Leigh) erőszakosan felkapja, majd a lépcsőn felcipeli a hálószobába: ezt a jelenetet a cenzorok csak és kizárólag azért engedélyezték, mert a pár később házasságra lép, így kapcsolatuk elfogadható normák közé kerül, így nem sérti a nézők morális integritását (Tischler 2002, 52).

Adaptációs szempontból tehát a cenzúra jelölte ki a filmkészítők, Williams és Kazan stratégiáját, így valójában az ideológiai kérdések sokkal inkább befolyásolták a film elkészültét, mint bármilyen mediális megfontolás. Az említett három problematikus pont ezáltal kiemelten fontos dialogikus kapoccsá vált: dráma és film az elhallgatás, eltakarás, kivágás technikáin keresztül dialogizál egymással, előtérbe hozva Bahtyin azon meglátását, miszerint a dialógus a rejtett, titkolt tartalmak kapcsolatán keresztül is éppoly hatékony viszony, mint az explicit utalások esetében. Vizsgálatomban ezeket a rejtett, elfedett viszonyrendszereket kívánom vázolni annak érdekében, hogy rámutassak arra, hogy tulajdonképpen a *Múlt nyáron, hirtelen* adaptációs stratégiája már Kazan adaptációjában is megjelent, noha kibontása még korántsem olyan teljes, mint arra Mankiewicz-nek később már lehetősége adódott.

Az első kifogásolt pont, amely a filmverzióban tehát másként jelenik meg, mint ahogyan azt a dráma elénk tárja, Allan Grey homoszexualitása. Williams drámája egy szofisztikált szimbolikus hálót sző a téma köré, amelynek segítségével a színpadi kommunikációs, szemiotikai csatornák mindegyikét bevonja a kérdés állandó jelenlétének hangsúlyozása érdekében, így Breen tiltása az adaptációra vonatkozóan alapjaiban támadja a williamsi tematikát . Bár Kazan és Williams eleget tettek a cenzúra ukázának, sikerült olyan kritikus összekacsintást kezdeményezniük a nézőkkel, amely ha úgy tetszik, a cenzúra intézményének finom lejáratásával egyenértékű.

A drámában Blanche meglehetős részletességgel ecseteli visszaemlékezésében Allan Grey homoszexualitását, valamint aktuális udvarlójának, Mitch-nek elmondja, mi vezetett odáig, hogy Allan öngyilkosságot kövessen el, és miért okolja Blanche mindezért önmagát. Blanche felidézi azt a momentumot, amikor Allant egy szobában találta egy másik férfival:

> BLANCHE: Volt valami különös a fiúban, valami ideges, valami puha, valami férfiatlanul lágy, ámbár külsőre nem mutatott semmi nőieset, mégis valami ilyesmi volt benne... Segítségért jött hozzám. Ezt én nem tudtam. Nem jöttem rá semmire, csak a házasságunk után, mikor megszöktünk, és már vissza is jöttünk, de akkor is csak azt tudtam, hogy kudarcot vallottam, és valami rejtélyes okból nem sikerült megadnom neki azt a segítséget, amire szüksége volt, de

beszélni nem tudott róla. Futóhomokban állt, belém kapaszkodott, de én nem tudtam kihúzni, magam is csúsztam vele lefelé! De ezt nem vettem észre. Csak azt tudtam, hogy elviselhetetlenül szeretem, és nem tudok segíteni sem rajta, sem magamon. Aztán egyszerre rájöttem mindenre. A lehető legborzalmasabb módon. Véletlenül beléptem egy szobába, azt hittem, üres... de nem volt üres, két férfi volt benn...

[...]

A Varsouvianára táncoltunk. Hirtelen tánc közben a fiú, akihez feleségül mentem, otthagyott és kirohant a kaszinóból. Néhány pillanat... egy lövés!

[...]

Azért volt, mert... a parketten... nem tudtam türtőztetni magam... váratlanul azt mondtam: „Láttam! Tudom! Undorodom tőled!"... És akkor a reflektorfény, amely kigyulladt a világ fölött, újra kialudt, és azóta egy pillanatig sem volt soha világosabb, mint itt a... konyha... ez a mécs... (Williams 2001, 176-177)

Az inflagranti-momentum annak idején majdnem minden kiadásban (sőt, a jelenleg forgalomban lévő Penguin által jegyzett kiadásban is[25]) a jelenetet leíró mondat megcsonkításával jelent meg, így csak későbbi kiadásokból derült ki a teljes igazság.[26] Feltűnő, hogy e jelenet karakterizáció és cselekmény szempontjából is milyen nyilvánvaló hasonlóságot mutat a *Macska a forró bádogtetőn* egyik kulcsjelenetével – éppen azzal, amely központi traumatikus magként majd ott is az intermediális dialógus kiemelten fontos tényezőjeként működik.

Blanche ebben a monológban valójában megadja az összes olyan tényezőt, amelyek alapján a dráma minden szinten, az összes szemiotikai csatornát igénybe véve megszövi a homoszexualitás tematikájának folyamatosan jelenlévő, mindent átható, ám konkrét, explicit módon nem megjelenített tematikáját: a kékszemű Allan Grey a Moon Lake kaszinó melleti tóparton lett öngyilkos, a Varsouviana hangjai alatt, míg a többiek a polkára táncoltak – mindez összeköti a szín és a hang szimbolikus hálózatát, amely a méla zongoraszó (azaz *blue piano*) akuzmatikus szinesztéziájában jelenik meg többször is a traumatikus magra történő utalások során. A kék szín további megjelenési formái a polka lengyel utalásaival (a hang tartománya így összefonódik a Kowalski névvel) keresztezve egy olyan rendszert hoz létre és működtet, amely megteremti és alátámasztja a Blanche-on elkövetett erőszakban kicsúcsosodó cselekményszerkezet: olyan

---

[25] Például a Penguin Twentieth-Century Classics egyik legelterjedtebb, 1962-es kiadásában: az inkriminált mondat itt a következőképpen olvasható: „By coming suddenly into a room that I thought was empty – which wasn't empty, but had two people in it..." Lásd: Williams 1962, 183.

[26] A magyar fordítás a cenzúrázatlan változatot közli: Williams 2001, 176.

apró jelek és jelzések kapcsolatáról van szó, amelynek során a szín és az alkohol (a dráma elején említett Kék Hold koktél (104) révén még Allan is „megjelenik" rögtön – majd mindez Blanche rendszeres forró fürdőivel és iszogatásaival fonódik össze metonimikus módon), a zene és az öltözék (a méla – *blue* – zongora például szinesztéziája révén Stanley ruházatához illeszkedik, majd Blanche Della Robia árnyalatú kék köntösére is utal) összetett szimbolikus hálója támogatja a cselekmény kibontakozását.[27] Továbbá ez az a jelenet, amely a filmben demetaforizálja Blanche fénytől való ódzkodását: a világ fölött kihúnyó fényről szóló megjegyzése a közelben világító, pislákoló fényű lámpában konkretizálódik, és ez vezeti át a metaforikus, imaginárius képzetet a diegetikus realitásba, ahol a karakter jellemzőjévé válik.

A film, hasonlóan ahhoz, ahogyan a *Múlt nyáron, hirtelen*, illetve a *Macska a forró bádogtetőn* esetében is, ebből a privát jelenetből publikusat kreál, ráadásul oly módon, hogy annak vizuális szerkesztési technikája szinte hajszálpontosan tetten érhető – leglátványosabban Mankiewicz rendezésében, de ugyanez, a filmben megvalósított, színpadiságot idéző módszer jelenik majd meg John Huston *Az iguana éjszakája* című adaptációjában is. Kazan ugyanis a Mitch jelenlétében elhangzó monológot Stanley és Stella lakásából a tópartra helyezi, ahol a kamera először a tó felől, a korláton túlról irányítja tekintetét Blanche-ra, majd a varrat struktúrájának megfelelő szerkesztési módban megmutatja a beállítás forrását az ellenbeállításokban – persze a beállítás forrása ebben az esetben a tó vize fölötti fátyolos köd, amely így fix pont nélkül tökéletesen megmutatja a tekintet lacani definíciójának relevanciáját. A kamera diegetikus térbeli bevésődése így áttételesen Allan jelenléte – hasonlóan ahhoz, ahogyan a *Múlt nyáron, hirtelen* esetében Sebastian pozícióját jelöli ki – , hiszen Allan öngyilkossága is tóparton történik (a Moon Lake Casino mellett, ami így ráadásul topografikus megerősítésként hat a felidézés jelenetében), így a tó vize metonimikusan hordozza a traumatikus előtörténetet.

---

[27] Ezeknek a szimbólumoknak, illetve jelölőknek a részletes összefüggéseit tárgyalja Cristian Réka M. – konkrétan a kék szín a ruházat, az alkohol és a hang kapcsán. Lásd: Cristian 2001, 24-25.

Allan

Blanche · Mitch

Allan

Blanche · Stanley

Allan
(tó, holdfény)

Stég

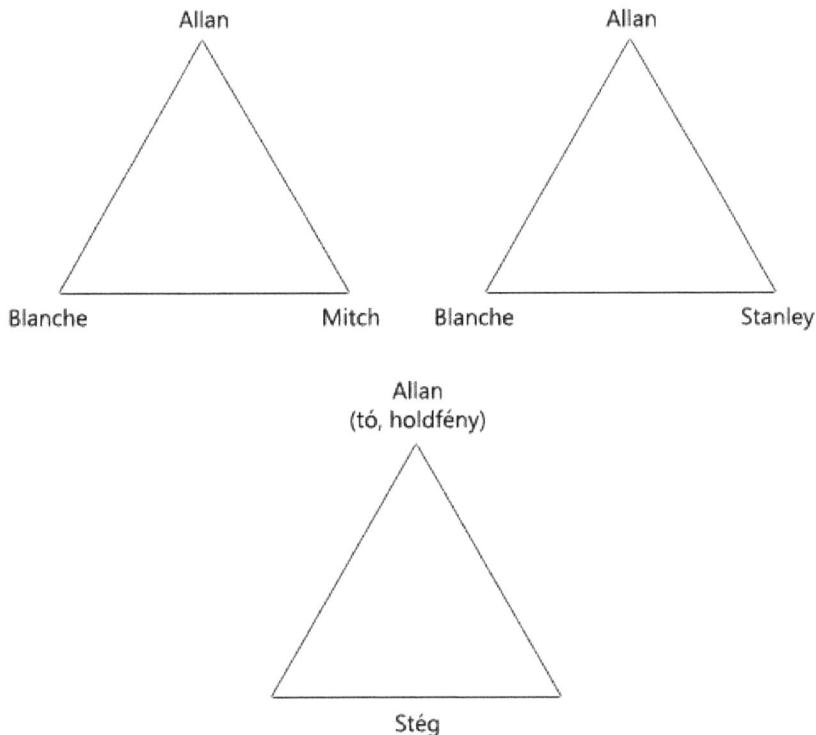

Háromszögek *A vágy villamosá*ban: a két kapcsolati és a topografikus struktúra

A filmben elhangzó visszaemlékezés a PCA kifogásának helyt adva nélkülözi annak a jelentnek a felemlegetését, amelyből explicit módon kiderülne, hogy Allan homoszexuális, így amikor Blanche Mitch számára leírja, milyen volt férje, a kifogásolt jelzők helyett a következőt mondja:

> BLANCHE: Volt valami abban a fiúban. Valami idegesség, érzékenység... bizonytalanság. És én ezt nem értettem. Nem értettem, hogy ez a fiú, aki verseket írt, miért nem volt képes semmi másra. Az állásait sorra elvesztette. Hozzám jött segítségért. Én ezt nem tudtam. Semmit se tudtam... kivéve azt, hogy szeretem... elviselhetetlenül. Éjjel úgy tettem, mintha aludnék. Hallottam, hogy sír. Sírt. Sírt, ahogy egy eltévedt kisgyerek.
> MITCH: Nem értem.
> BLANCHE: Nem. Én sem értettem. És ezért... megöltem.
> MITCH: Maga...?
> BLANCHE: Egy este elmentünk kocsival a Moon Lake kaszinóba. A Varsovianára táncoltunk. Hirtelen, tánc közben, a fiú, aki a férjem volt, elment... kiszaladt a kaszinóból. Pár perccel később... lövés dördült. Kirohantam. Ahogy mindenki. A köré a szörnyű dolog köré

gyűltünk a tóparton. A szájába vette a revolvert... és elsütötte.
Mindezt azért, mert a táncparketten...nem tudtam megállni, hogy azt
ne mondjam: „Gyenge vagy! Többé nem tudlak tisztelni! Megvetlek!"
És akkor a reflektorfény, amely megvilágította világomat ismét
kialudt. És azóta... egy pillanatra sem láttam erősebb fényt, mint...
Mint ezét... a sárga lámpáét.

Mitch értetlenkedő közbeszólása („Nem értem.") valójában a Blanche
által előadott történet narratív koherenciájára és szemantikai kontextusára
vonatkozik, hiszen jól láthatóan semmi értelme nincs annak, hogy egy
feltétel nélkül szerelmes nő azért ábránduljon ki, és azért vesse meg élete
párját, mert az éppen egy-egy munkahellyel nem boldogul. Míg Mitch
értetlenkedése Blanche történetére vonatkozik, addig Blanche egészen
pontosan Allan gyengeségének kiváltó okát nem értette, aminek fényében
már messzemenően érthetetlen és motiválatlan hevesen elutasító
viselkedése, melynek folyománya Allan öngyilkossága. Pontosan a
protodráma traumatikus magja hiányzik, vagyis éppen ezt fedi el a filmbéli,
monológból párbeszéddé alakult, privátból publikussá vált visszaemlékezés:
a többszörös, több szinten tetten érhető inkonzisztencia, illetve
inkoherencia a dialogizmus rejtett formáját idézi, meginvitálta a
nyilvánvalóan elhallgatott elemeket, hogy kitöltsék a hiteltelen és minden
szempontból motiválatlan cselekményt. Kazan itt arra apellál, hogy a
klasszikus hollywoodi elbeszélés alapvetően karakterközpontú, vagyis a
karakter motivációi hajtják a cselekményt – így a motivációban elhelyezett
bizonytalanság és logikai anomália elég erős formai jelzés a dialogikus
interpretáció szempontjából. Blanche visszaemlékezése – Catherine-éhez
hasonlóan – így nem pusztán elfedi a nem kívánatos tartalmakat, de
elfedésével utal is a fantomogén titok jelenlétére: a fantom-mechanizmus
ugyanis abban érhető tetten, hogy a film nem engedi felfedni a konkrét titok
mibenlétét, csupán arra enged következtetni, hogy valamiféle titok van a
cselekményben. Éppen ez hozza létre a mediális törést, hiszen a film
elfedési mechanizmusa túlmutat önmagán, intermediálisan utalva a dráma
szövegére.

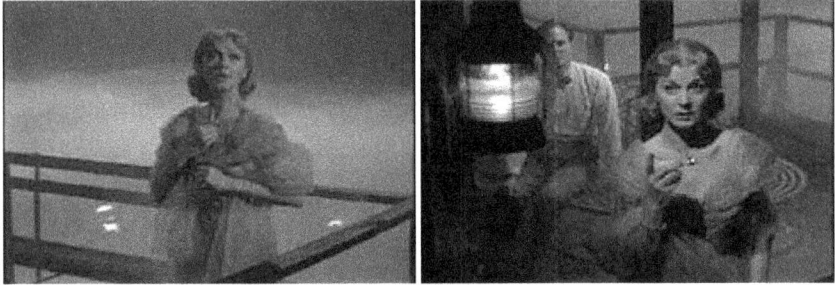

A vágy villamosa – Blanche monológja

A jelenet egyébként tobzódik a drámából átemelt szimbolika különböző formáiban: Blanche visszaemlékezése valójában csak abban a pillanatban kezdődik, Vivien Leigh csak akkor réved a távolba, amikor akuzmatikus módon felhangzik a Varsouviana. Michel Chion szerint az akuzmatikus olyan hang, amelynek nem tudjuk lokalizálni az eredetét, mégis meghatározza egy jelenet működési logikáját: igazi lacani *objet petit a*, a vágy tárgyi oka, amely minden esetben *per definitionem* elérhetetlen, megfoghatatlan, megismerhetetlen, mégis meghatározza a szubjektum vágystruktúráját, mintegy késztetés szintjén irányítva életét a Szimbolikus és Képzetes tartományokon keresztül. Chion Pierre Schaeffertől kölcsönzi a terminust, aki elsősorban a kortárs média-szaturált vagy intermediális környezetre utalva használja a kifejezést, ahol az egyénnek nem áll módjában a különböző (sok esetben keveredő, hibrid jellegű) hangok forrásait beazonosítani, lokalizálni (Stam 1992, 61).

Strukturális pozíciójából kifolyólag az akuzmatikus hang négy jellemzővel rendelkezik: 1) mindenütt való jelenlét; 2) mindenlátás; 3) mindentudás; és 4) mindenhatóság (62). Ennek alapján azt mondhatjuk, a szóban forgó jelenetet nem egyszerűen kiegészíti, színesíti a Varsouviana hangja, hanem kifejezetten szervezi, sőt jelentéstöbblettel látja el. Különösen annak tekintetében tűnik megalapozottnak ez a felvetés, hogy az akuzmatikus hang Robert Stam olvasatában olyan furcsa, kísérteties tartomány, amely kifejezetten alkalmas ki nem mondott családon belüli vonatkozások, múltbéli, elfeledett történések és történetek közvetítésére – persze rejtett formában (ibid.). Így Blanche visszaemlékezése verbális szinten hiába is él a cenzúra eszközével (legyen szó ideológiai vagy pszichés törlésről), hiszen a történetet, illetve annak értelmezési tartományát a hang határozza meg: intermediális dialogizmus szintjén pedig az a drámai szövegrész és cselekménytöredék, amely metonímiaként a Varsouviana dallamához kapcsolódik.[28]

---

[28] Arról, hogy a klasszikus hollywoodi elbeszélés hogyan használja formanyelvi szinten a metonímiát és a metaforát lásd: Metz 1982, 189.

A Varsouviana tehát extradiegetikus, akuzmatikus hang, amely így a hallható tartományban keretezi a traumatikus emlék felidézését. A diegetikus tér, a jelenet helyszíne is árulkodó mindemellett, hiszen a protodráma tragédiájához hasonlóan, és a drámával szöges ellentétben, a visszaemlékezés egy *tó*parton történik a *hold*fényben, vizuálisan utalva a *Moon Lake* (szó szerint: *hold tó*) elnevezésre, amely a protodráma topografikus jelölője. A Varsouviana hangja a dráma alapján azonos szimbolikus helyet foglal el a magyarban „méla zongorára" fordított *blue piano* hangjával, amely a szín szimbolikájának bevezetésével szinesztéziával kapcsolja össze a hallható és a látható regisztereket.[29] A darab bevezető forgatagában, Blanche New Orleansba érkezésekor például a Néger Asszony a Tengerésznek (a filmben a tengerész igazítja útba Blanche-t, aki a Vágy villamosát keresi, amely Stella és Stanley lakása felé vinné őt) azt tanácsolja, ne menjen a Négy Ász elnevezésű közeli lebujba, de ha már mindenképpen odatart, akkor soha ne igyon Kék Hold (*Blue Moon*) koktélt, mert saját lábán nem fog tudni távozni (Williams 2001, 104). A kék szín, a hold, a tó mind, mind Allan metonimikus jelölőiként funkcionálnak, és egy háttérben megbúvó ám, mégis jól észlelhető szimbolikus hálót hoznak létre.[30]

Kazan felhasználja ezt a hálót, és úgy tűnik, kifejezetten a részletekre ügyelve szakítja meg a metonímiát – éppen olyan törést hozva létre diegetikus értelemben véve, amely képes meginvitálni az intermediális dialógust mint interpretációs stratégiát. A strukturális hiány, ahogyan azt a *Múlt nyáron, hirtelen* adaptációjának esete is jól mutatja, és amely Kazan és Williams filmes interpretációjának is az alapját képezi, képes olyan szervezőerőként fellépni, amely a filmverzióban egyrészt diegetikus topográfia tekintetében a vizuális teret határozza meg, ám ezen túlmenően egyértelmű utalásokkal viseltetik a dráma szövegére vonatkozóan is. A kettő összefonódása egyszerre táplálja és garantálja az adaptációban megvalósuló elfedési mechanizmus valamint az intermediális dialógus működését is.

---

[29] Bár a *blue* szó valóban fordítható mélabúsnak is, a magyar fordítás a szín elfedésével Williams szövegének egy kifejezetten fontos aspektusát, a színnel összekötött karakterekre és cselekménydarabkákra vonatkozó kapcsolatokat törölte ki.

[30] A színszimbolika részletes kifejtését és működési logikáját Cristian Réka M. tárgyalja: Cristian 2001, 24-27.

IV. 2. 2. MACSKA A FORRÓ BÁDOGTETŐN

A *Macska a forró bádogtetőn* talán az egyik legismertebb és legsikeresebb Williams-adaptáció, amely Hollywoodban készült. Az 1958-as filmet az a Richard Brooks rendezte, aki ezt követően Paul Newmannel (aki Brick Pollit szerepében látható) egy másik Williams-drámát is filmre vitt, az alább tárgyalandó *Az ifjúság édes madarát*, mellyel a jól látható közösséget a vizuális esztétika kapcsán lehet legmarkánsabban érzékelni. A *Macska a forró bádogtetőn* a homoerotikus protodráma, illetve a középponti problematika teljes „heteroszexualizálását" valósítja meg annak ellenére, hogy a hollywoodi erkölcsrendészet szerepét betöltő PCA hatalma és befolyása a film készítésének időpontjában már korántsem volt akkora, mint egy évtizeddel korábban, hiszen a stúdiórendszer felbomlásától (1948, a híres Paramount-per) számítva egyre kevésbé szólhattak bele a gazdasági érdekeket előtérbe helyező, a filmek készítésében szerepet játszó szegmensek politikájába. Mindezek mellett a már korábban említett európai művészfilm-hullám és a Williams-filmek alműfajának sikerei egyre inkább háttérbe szorították az amerikaiak erkölcsi egészségét féltő hangokat.

Insert A vállalkozás érdekessége az, hogy szigorú értelemben véve az adaptáció már jóval a film ötlete előtt megkezdődött, ráadásul több szempontból is. A *Macska a forró bádogtetőn*, több Williams-drámához hasonlatosan már eleve adaptáció, ugyanis Williams saját, *Three Players of a Summer Game*[31] című novelláját használta fel a dráma szövegének írásához. Az adaptációs folyamat szempontjából érdekes lehet megjegyezni, hogy a novella korántsem a későbbi dráma történetét vagy annak egy variációját mutatja be: olyan, mintha a dráma cselekményét követő helyzetről szólna, azt problematizálná, illetőleg mintha a drámában megoldatlan vagy

---

[31] Williams 1985, 319-343. A novella 1951-1952-ben íródott, majd 1952-ben jelent meg.

71

feloldatlan kérdésekre adna valamiféle választ. Ilyen tekintetben, Gennette transztextuális felosztására hivatkozva azt is mondhatjuk, hogy bár a novella időrendileg hipotextus, funkcionálisan azonban mégis inkább hipertextusi, valamint a szintén nem elhanyagolható metatextusi mivolta érdekes.

A dráma elkészültét követően Elia Kazannak, a színdarab rendezőjének kérésére, és az ő útmutatásai alapján Williams újraírta a dráma harmadik felvonását (Williams 2001, 341-343): ez a verzió pedig belekerült minden nyomtatott kiadásba is, mintegy a felvonás szellemképeként, ahol a titokzatos (abban az értelemben, hogy a titkok hordozója), kísérteties, eredetileg spektrális test ismét megjelenik a színpadon. Williams a harmadik felvonás első verziójában ugyanis pusztán aurális jelenlétként hozza vissza a színpadról távozó Big Daddyt, vagyis testi valójában már nem, csupán haláltusájának hangjaival tér vissza. Kazan szerint ez nem volt elégséges, hiszen Big Daddy a dráma legfontosabb karaktere, így szerkezeti szempontból nem szerencsés, ha éppen ő hiányzik a katartikus jelenetből. Kazan ezen meglátása jól tükröződik a drámából Richard Brooks rendezésében készült filmadaptációban is: Big Daddy olyan kulcsjelenetekben és olyan strukturális pozícióban jelenik meg, amely a diegetikus térszervezés tekintetében sok hasonlóságot mutat a *Múlt nyáron, hirtelen* esetében vázolt tekintet-struktúrával.

A *Macska a forró bádogtetőn* cselekménye Big Daddy születésnapja köré szerveződik: a Mississippi-torkolat legnagyobb ültetvényese éppen egy hosszas kivizsgálást követően érkezik haza csupa jó hírrel, lévén hogy a vizsgálatok szerint nem rákos, így egyelőre nem kell másra ruháznia az üzleti ügyeket. Csupán néhányan sejtik az igazságot, miszerint Big Daddy napjai meg vannak számlálva, és nagy valószínűséggel ez utolsó születésnapi ünnepsége. Maggie, Big Daddy kisebbik fiának, Brick Pollitnak a felesége azok közé tartozik, akik tisztában vannak az ültetvényes valós állapotával, így igyekszik meggyőzni elhidegült férjét, szálljon harcba az ültetvény felett gyakorolt hatalomért. Férje azonban éppen nemrég veszítette el legjobb barátját, Skippert, és részben Maggie-t okolja a halálesetért. Brick alkoholba fojtja bánatát, illetve megvetését és undorát, melyet nem csupán Maggie-vel, de az egész világgal és legfőképpen önmagával szemben táplál. Az undor (és a traumatikus mag) abból a protodramatikus cselekményből következik, melynek során Skipper, csúfos vereséget szenvedve Dixie Stars nevű futballcsapatával, erőteljesen ittas állapotban felhívja a kórházban fekvő, és ezért csapatán segíteni képtelen Bricket, és gyakorlatilag szerelmet vall neki, mire Brick azonnal leteszi a kagylót – ezt követően Skipper öngyilkosságot követ el.

A traumatikus mag tekintetében nem lehet nem észrevenni a strukturális hasonlóságot *A vágy villamosá*ban feltárt szerkezettel: míg amott a Blanche-Allan páros áll a protodráma középpontjában, és játsza el tulajdonképpen ugyanezt a jelenetet, addig itt Brick és Skipper. Jellemző módon Brick ugyanazt a stratgéiát választja bűntudata enyhítésére és az előtörő emlékfoszlányok semlegesítésére, illetve törlésére, mint amivel Blanche is próbálkozik: mindketten az ital nyújtotta időleges menedéket igyekeznek felhasználni problémájuk feloldása érdekében – és egyikük sem jár sikerrel. Szerkezeti hasonlóságot fedezhetünk fel abban is, hogy Allanhez hasonlóan Skipper is hiányzó karakter, Másik, aki Eve Kosofsky Sedgwick vágydinamikai háromszög-struktúrája alapján a vágy tárgyává minősül, a háromszög kapcsolatrendszeri dinamikájának köszönhetően.

Tekintettel a szituáció ismétlődésére számos Williams-drámában, kijelenthetjük, hogy a traumatikus tartalmakat felfedő jelenetek egy háromszögű kapcsolatrendszerre világítanak rá, ahol két férfi és egy nő szerepelnek. Egy ilyen háromszögben hagyományos értelemben a nő a két férfi vágyának a tárgyaként tűnik fel, akiért a két férfi valamilyen formában egymással „küzd". Freud óta tudjuk, hogy a háromszög az ember pszichés fejlődésének – ödipális fázis –egyik alapszerkezete, amiben a gyermek (fiú) az egyik pontból eljut a számára kijelölt helyre, ez – fiúgyermek esetén – az apa pozíciója. Ezzel a pozícióval (illetve az apával) kell azonosulnia, hogy elnyerje „férfiasságát". Ehhez azonban le kell mondania az anyáról, akin keresztül jut el a vágyott pozícióhoz (ez az elsődleges elfojtás, aminek következtében kialakul a tudattalan). Ezt a sémát alkalmazhatjuk az úgynevezett szerelmi háromszögek elemzésénél, hiszen ott is azt látjuk, hogy két férfi (azaz két pólus) küzd, rivalizál egy nő (mint a harmadik pólus) kegyeiért. A vázolt séma, illetve alakzat az adaptációk figyelembevételével már csak azért is releváns, mert a tradicionális hollywoodi elbeszéléstechnika alapvetően az ödipális pálya elvei szerint működik, ami jelen elemzés számára azt jelenti, hogy az elbeszélés alapszerkezete már eleve adja a háromszög struktúra létezését.

René Girard európai regényekben vizsgálta, hogyan működnek ezek a háromszögek, különös tekintettel a struktúrában fellelhető erőviszonyok eloszlására. Arra a megállapításra jutott, hogy két aktív pólus rivalizál egy passzív pólusért (Girard 1972), továbbá, hogy a kötelék a két rivális között bármely erotikus háromszögben legalább olyan erőteljes, fontos és intenzív, mint a két aktív pólus köteléke a vágyott póluséval. Így tehát maga a rivalizálás ugyanolyan erőteljes, mint a vágy. Girard szerint a szeretett kiválasztása elsősorban nem a szeretett kvalitásai által determinált, hanem azáltal, hogy annak *másiknak* a szeretettje, akit a főhős (az ödipális pályáját teljesítő férfiú) riválisának választ. A kötődés így a két rivális között elsődleges és erősebb, mint a főhős/rivális és a vágyott egyéné (Sedgwick 1985, 21-27). Összefoglalva tehát, a főhős vágya mindig egy közvetítő által meghatározott, akihez a vágyódó személyt nagyobb libidinális befektetés fűzi, mint szenvedélye nyilvánvaló tárgyához. „Ennélfogva a féltékenység mint intenzív viszonyulás talán nemcsak katalizátora, hanem generátora is a szexuális megszállottságnak mind a fikció, mind a tapasztalat szintjén"

(Segal 2000, 139), írja Naomi Segal.

Girard kutatásait folytatva, a háromszög struktúrára leginkább jellemző nemi eloszlást és viszonyrendszert Eve Kosofsky Sedgwick dolgozta ki. Szerinte a versengés (általában két férfi egy nőért folytatott versengéséről van szó) értelmezésében a két férfi kapcsolódását elsődleges diádnak kell tekintenünk, aminek következtében a nő iránti vágyuk csupán ürügye kettejük találkozásának. Így tehát maga a háromszög struktúra a két versengő férfi közötti elfojtott (vagy egyértelműen rejtett) kapcsolat megjelenési formája, amit Sedgwick „homoszociális vágynak" nevez (Sedgwick 1985, 1-2). A struktúra formai kérdés, ebből következően a cselekvések, melyeknek talajt biztosít, szintén formai lépések a történet alakításában. A nemi identitás szintúgy nem tartalmi kérdés, hiszen azt is a karakterek háromszögbeli kötései határozzák meg. Ezek alapján a heteroszexualitás vagy a homoszexualitás olyan formák, amelyekben a karakter megformálhatja, megjelenítheti magát.

Williams alakzatában a vágy dinamikája némileg módosulni látszik, hiszen a dráma cselekményének idejekor a háromszög egyik résztvevője hiányként vesz részt a kapcsolatban. A protodrámák strukturális felépítése azonban megegyezik a Girard, majd Sedgwick által vázoltakkal – a változást a homoszexualitás felfedezését követő cselekménysorozat hozza el: a homoszexuális karakterek a Williams-darabokban többnyire nem szokványos, sőt igencsak figyelemfelkeltő módon halnak meg. A williamsi alakzatban a vágy vektorában a női karakter pusztán legitimálásként, egyfajta társadalmilag elfogadott formaként jelenik meg, mely elfedi a két férfi karakter közötti egyébként nyilvánvaló vonzalmat. A traumatikus jelenetből kiiktatott karakter így igazán a vágy tárgyává, pontosabban tárgyi okává válik a lacani értelemben: lehetetlen, elérhetetlen, illékony tárgy, mely valójában hiányával biztosítja a Szimbolikus rend működését, azonban amint meglelné az ember, máris elillan. Úgy tűnik, Williams karakterei a dráma, illetve film végére rendre felismerik és elfogadják ezt, valamint megbékélnek azzal, hogy a vágy valós tárgya helyét valaki más foglalja el. Ez a valaki a háromszögben lévő női karakter, ami meglehetősen logikus választás: pszichés áttétel révén ő biztosítja az alakzat stabilitását a hiány ellenében. Így lép kapcsolatra Dr. Cukrowicz és Catherine a *Múlt nyáron, hirtelen* cselekményében: semmi jele, semmi bizonyítéka, semmi alapja nincs kapcsolatuknak, csak és kizárólag az áttétel révén magyarázható egymásratalálásuk – ez pedig a felszín heteroszexuális románcának komplett szubverziója.

A *Macska a forró bádogtetőn* esetében sincs ez másként: Maggie bizonyosságot nyer a Brick és Skipper között lévő kapcsolat természetéről (amit egyik férfi sem mer bevallani magának), majd miután Skipper öngyilkosságot követ el, a Sedgwick által jelzett homoszociális genealógia biztosítása érdekében a társadalmilag nem elfogadható vágy katektált tárgyaként terhesnek hazudja magát, felismertetve Brickkel az alakzat működésének elvét (aki immáron Big Daddy hosszas fejtegetését követően elfogadja pozícióját a háromszögben). Ebben az esetben is bajos heteroszexuális románcot emlegetni, hiszen a létrejövő ellentétes nemű kapcsolatot korántsem a kapcsolat résztvevőinek egymás felé irányuló vágya határozza meg: éppen ellenkezőleg, a strukturális hiány, a spektrális, illékony test, az állandóan jelen lévő nem-jelenlét az, ami pozíciójából kifolyólag szükségszerűen irányítja és működteti az alakzatot.

Ez a furcsa, kísérteties test vizuális elhelyezkedésének szempontjából nagyban hasonlít ahhoz, amit Thomas Waugh „harmadik testként" definiált. Waugh a viktoriánus kortól kezdődően vizsgálta a fényképeken, majd később filmeken is megjelenő homoszexuális ellentétpárok strukturális elhelyezkedését a vizuális térben, és a nézések, illetve tekintetek geometriáját feltérképezve arra a következtetésre jutott, hogy bár a legtöbb képen két test látható, ezek egy harmadik, a kereten túli testet feltételeznek (Waugh 1998, 432). Waugh elemzésében a fényképek, illetve a filmekből kivett képkockák személyessége mellett érvelve minden esetben egy homoszexuális szerzőt feltételez mint a képek élvezője és alkotója, aki a kereten túlról szervezi a kép egységét és jelentését. Bár Williams esetén nem is állna túlságosan távol ez a felvetés az értelmezés lehetőségeitől (már csak azért sem, mert a Waugh által jelölt időszak, ami a mozit illeti, a második világháborút követő évtizedeket jelenti, és ez éppen egybeesik a Williams-filmek megjelenésével és sikereivel), a vizsgált Williams-adaptációk nem támogatják ezt az interpretációt – leginkább azért nem, mert a harmadik test strukturális elhelyezkedése nem két homoszexuális férfitest jelenlétén alapul: itt a harmadik test éppenhogy a diegézisben tételezett, hiányzó homoszexuális test jelölője. Vagyis ehelyütt úgy módosul a Waugh-féle elgondolás – illeszkedve a fősodorbéli hollywoodi elvárásokhoz, így véleményem szerint sokkal szubverzívebb módon – hogy a két homoszexuális férfi helyett egy, a felszínen tökéletes heteroszexuális párt láthat a néző (többnyire ráadásul a sztárság iparával igen jelentősen megtámogatva), amelynek feltételezett harmadikja, a képkeretet vágya által meghatározó, hiányzó teste azonban nem a klasszikus elbeszélői normák implicit heteroszexuális, középosztálybeli, fehér, férfi nézője, hanem a drámákból, illetve az adaptációk diegéziséből traumatikusan kizárt teste. Ez a harmadik test, amely a háromszögek vágymodelljét is alapvetően meghatározza, *A vágy villamosá*ban Allan, itt, a *Macska a forró bádogtetőn*ben pedig Skipper – de tovább folytathatjuk a *Múlt nyáron, hirtelen* (ahol Sebastianra illik ez a definíció) elemzésével megkezdett sort, és kijelenthetjük, hogy a harmadik test a Williams-adaptációk mediális törésének működtetője mind vizuális, mind pedig protodramatikus, illetve megjelenő cselekmény szintjén is.

A *Macska a forró bádogtetőn* esetében tehát a következőképpen néz ki a karakterek háromszögesített kapcsolati hálója, amelyben a fentieknek

megfelelően Skipper karaktere a hiányzó harmadik, a vágyak vektorát
vezérlő pozíció, és az átfogó két csücskében helyezkedik el a színen
jelenlévő, Skipper teste által összekapcsolt két karakter, Maggie és Brick:

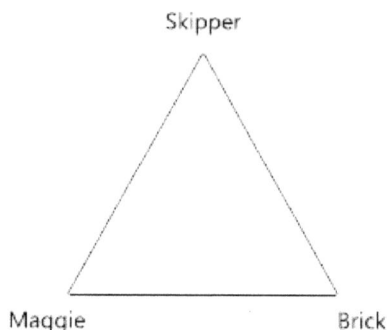

Skipper

Maggie   Brick

Az alakzat érdekessége abban a vonatkozásban is tovább taglalható,
hogy Williams háromszögesített kapcsolatrendszerei a filmadaptációkban
legtöbb esetben valamilyen háromszögszerű topográfiában is megjelennek: a
*Macska a forró bádogtetőn*ben ez a Mississippi deltája, a háromszög formájú
torkolat csúcsa, ahol a Pollit-ültetvény található. Ezen túlmenően az
adaptáció egy újabb topografikus változást is eredményez a drámához
képest (mintegy kibontva a drámai szituációkban rejlő pszichés háttér
rétegeit): nem egyetlen szobában jelenik meg a cselekmény, hanem a ház
három szintjéhez társítva, koncepció köré épített reprezentációt mutat be:

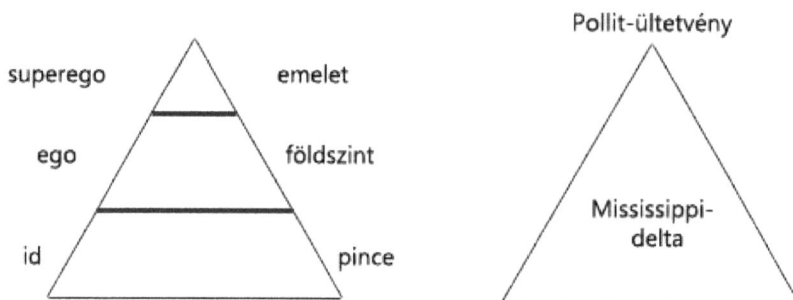

superego   emelet

ego   földszint

id   pince

Pollit-ültetvény

Mississippi-
delta

Ez a megjelenítés megfelel annak, amelyet leglátványosabban, a
diegetikus tér jelentésmezejét tudatosan manipulálva, Richard Brooks-szal
nagyjából egy időben Alfred Hitchcock a *Psycho* (1960) című filmben
aknázott ki: a ház topografikusan allegóriájává válik a főhős pszichés

felépítésének, minek megfelelően az emelet a *superego*, a földszint az *ego*, az pince pedig az *id*.[32] A filmben látható jelenetek szerkezete és tartalma ennek a struktúrának megfelelően csoportosítható és így értelmezhetővé válik a freudi topografikus elmélet alapján is.

A háromszögesített, karakterekre vonatkozó kapcsolatrendszer, illetve a topografikusan is jelenlévő alakzat még egy meglehetősen fontos momentumban megmutatkozik: a traumatikus titkot feltárni kívánó jelenetben (az első felvonás végén), amikor a drámai párbeszédben Brick kérdőre vonja Maggie-t Skipper halálában játszott szerepét illetően, csupán ketten vannak jelen, míg a film ezt a jelenetet alapjaiban írja át. Maggie ehelyütt arról igyekszik biztosítani Bricket, hogy nem hiszi róla, hogy Skipperrel való barátsága ne lett volna „tiszta", ám szavai arról tanúskodnak, tökéletesen tisztában volt a kapcsolat természetével, mint ahogy azzal is, hogy a két férfi önmagának sem volt képes bevallani, miről is volt szó:

> MARGARET: Olyan szép, eszményi dolog volt, mint amilyenekről a görög regékben hallunk, nem is lehetett másféle, hiszen te... te vagy, és ettől lettél annyira bús, annyira szörnyű, hogy olyan szerelem volt, aminek nem is lehetett megnyugtató vége, és nem volt szabad nyíltan beszélni róla. Igazán mondom, Brick, hidd el, én megértem az egészet!... Én... én hiszem, hogy... nemes kapcsolat volt!
> [...] Emlékszem, mikor még iskolás lány voltam, és négyesben szoktunk találkozni, Gladys Fitzgerald, én, te és Skipper, akkor is, mintha csak neked lett volna találkozód Skipperrel. Gladys és én, mi csak a szükséges rossz voltunk, mintha nektek gardedám kellett volna!..., hogy kifelé jobb képe legyen a dolognak... (Williams 2001, 260-261)

A drámában Maggie egyértelműen fogalmaz – félreérthetetlenül szembesíti Bricket önnön vágyával és szexuális orientációjával. A film azonban nem csupán kettébontja ezt a jelenetet, melyet rögvest a traumatikusnak bizonyuló cselekmény elmesélése követ, de egyenesen ki is radírozza a monológot: Maggie csupán annyit tud mondani, hogy végre ki kell böknie az igaz történetet, végre szembesülni kell mindazzal, ami történt, amikor Gooper és Mae egyik „nyakatlan gnómja", ahogyan Maggie nevezi gyermekeiket, nagy hanggal beront a szobába, és teljesen más irányba tereli a cselekményt. A drámában a traumatikus titok ezt követően azonnal előkerül:

---

[32] Erről bővebben lásd: Báron 2004, 23-26. Ugyanerről beszél, lacani olvasattal kiegészítve Slavoj Žižek is *The Pervert's Guide to Cinema* című filmjében. (rendező: Sophie Fiennes; Amoeba Film, 2006.)

MARGARET: Együtt ittuk végig az éjszakát a Blackstone-bárban, és mikor feljött a hideg nap a tó fölött, és mi kapatosan megálltunk az ajtóban, és a fény felé hunyorogtunk, azt mondtam neki: „TE SKIPPER! ELÉG VOLT! VAGY NE AKARD TOVÁBB SZERETNI A FÉRJEMET, VAGY MAGYARÁZD MEG NEKI, HOGY EL KELL FOGADNIA. ÍGY, VAGY ÚGY." Ököllel szájon vágott! – aztán megfordult és elrohant, azt hiszem, megállás nélkül rohant a szobájába, a Blackstone-szállóba...

Aztán mikor az éjjel átmentem hozzá, és mint valami félénk kisegér, megkapirgáltam az ajtaját, akkor következett az a szánalmas, balul sikerült kísérlet, amellyel be akarta bizonyítani, hogy amit mondtam, nem igaz... (262)

A film ezt a privát beszélgetést (vagy méginkább szembesítést) hasonlóan ahhoz, ahogy például *A vágy villamosa* esetében is láthattuk, publikussá teszi azáltal, hogy egy harmadik személyt is beemel a jelenetbe. Nem más, mint Big Daddy van jelen, méghozzá kitüntetett pozícióban – több vonatkozásban is. Egyrészt a strukturális alakzat, amelybe Brooks elrendezte színészeit, háromszöget formáz, amelyben a nézések tengelyei vizuális formában reprodukálják a fentebb elemzett, a vágy intenzitásához kapcsolódó strukturális szerepeket. Másrészt Big Daddy, mint döntőbíró vagy méginkább egyszemélyes esküdtszék, jól láthatóan és igen következetesen a kameraszem pozícióját foglalja el: a nézőponti vágások kapcsolódása a varrat technikáját idézve szinte vegytisztán pozícionálja a „hazugság hálójának", a képmutatás és színlelés világának mindentudóját, a beszélgetés-vallatás tekinteteként. Ez az igazságszolgáltatási áthallás, keveredve a tekintet és a varrat struktúrájának diskurzusával, korántsem véletlenszerű, hiszen a film alapjaiban változtatja meg a protodramatikus történetet.

Macska a forró bádogtetőn – a szembesítés jelenete

Míg a drámában Maggie szembesíti Skippert saját vágyával és a cselekmény ennek megfelelően teljesen logikusan alakul, addig a filmben ez a kulcsmondat kimarad, továbbá a párbeszéd kiegészül Big Daddy jelenlétéből adódóan egyfajta kifelé játszással – vagyis immáron performansszá, előadássá módosul a traumatikus vallomás: hasonlóan ahhoz a felálláshoz, amit a *Múlt nyáron, hirtelen* filmverziója valósít meg:

> BIG DADDY: Mi történt közted és Skipper közt?
> MARGARET: Nos, Big Daddy...
> BRICK: Na? Rajta, Maggie! Te akartál az igazságról beszélni. Mondd csak! Big Daddy tudni akarja. Mondd el neki!
> MARGARET: Skipper nem kedvelt.
> BRICK: Miért nem kedvelt?
> MARGARET: Ellenezte a házasságunkat.
> BRICK: Miért?
> MARGARET: Mert azzal csökkent a szabadságod.
> [...]
> MARGARET: Rosszul volt, leitta magát... nem akart kijönni. Szétverte a berendezést, és az igazgató már azon volt, hogy hívja a rendőrséget. Hát odamentem a szobájához. Kapirgáltam az ajtót, könyörögtem neki. Magán kívül volt. Hol erőszakosan üvöltözött, hol összetört és bőgött. És egyfolytában be volt tojva, hogy te mit szólsz majd. Azt mondtam neki, tán jobb lenne, ha elfelejtené a futballt. Szerezne valami állást, és békén hagyna bennünket Brickkel. Azt hittem, agyonüt. Csak jött felém... valami furcsa mosollyal az arcán.
> Azután különös dolog történt – megcsókolt. Akkor először ért hozzám. Rögtön tudtam, mit fogok tenni: megszabadulok Skippertől. Bebizonyítom Bricknek, hogy az igaz barátságuk csak egy nagy hazugság. Bebizonyítom azzal, hogy Skipper képes lefeküdni a legjobb barátja feleségével. Nem kellett rábeszélni, nagyon is akarta. Mintha ugyanaz járt volna a fejében.
> BRICK: Csak tisztára akarod mosni magad!
> MARGARET: Nem! Vissza akartam szerezni a férjemet! Mindegy hogyan! Bármit megtettem volna. Még azt is. De az utolsó pillanatban... pánikba estem. Mi van, ha ahelyett elveszítelek? Ha engem gyűlölsz meg, és nem Skippert? Így hát elfutottam. Semmi sem történt! Százszor el akartam mondani, de sohasem hagyta. Semmi sem történt!

A film publikus térré szervezi a protodramatikus, traumatikus mag felelevenítését, és ellentétben a drámával itt, amikor Maggie elmegy megnyugtatni a vesztes csapatkapitányt, ő a dráma ütése helyett hirtelen megcsókolta legjobb barátja feleségét. Maggie-ben felébred a bűntudat, hogy házasságtörést követ el, ezért inkább fogja magát és elrohan. Ez egy teljesen hétköznapi, pontosabban hollywoodi értelemben vett klasszikus heteroszexuális románccal kapcsolatos problematika, amely majd' minden, párkapcsolati témát középpontba helyező műfajban klisének számít. Csakhogy Big Daddy, a folyamatosan ismételgetett hazugság hálójának (*web of mendacity*) fő ismerője nem elégedett. A Big Daddyt alakító Burl Ives arcjátékával jelzi ezt, ami akkor sem mondható megkönnyebbültnek, amikor az „igazság" kiderül. Erre a kamera pozíciója mellett az is rásegít, hogy a bírósági drámára hajazó jelenet végén Big Daddy görcsbe rándul: a görcs, amely valójában a gyógyíthatatlan rák, és amely tulajdonképpen a cselekmény szimbolikájában az eltitkolt traumák szimptómája, sokkal inkább arra utal, hogy az elmondottak nem történhettek meg.[33] Nyilvános, publikus térről, illetve jelenetszerkesztésről van szó, mely megköveteli a nyilvánosság előtt elmondható verziót – ez azonban dialogikusan megidézi a dráma privát, magánjellegű jelenetét, melyben a történet egészen másként alakul.

A film arra épít, hogy Skipper a vereséget követően összetörik, és élete nem a titkolt vágyak és érzelmek, hanem a futball problematikája kapcsán megy tönkre. A szexualitás diskurzusa tehát a futball (és a jelenet korábbi részében emlegetett futballöltöző szaga és töménysége, férfias közege) diskurzusában szublimálódik, a cselekmény szempontjából csak így, ebben a kontextusban logikus Skipper csókja (ami ebben az értelemben a drámában ütésként realizálódó „érintés" adaptált modalitása), és az erre irányuló magyarázat Maggie részéről. A filmes elbeszélés korábbi és későbbi szálához jól kivehetően nem túl logikus módon kapcsolódó jelenet így nyíltan a drámával dialogizálva rejti el a tényleges mondanivalót (a *Múlt nyáron, hirtelen* szövegéhez hasonlóan), amely ismét erős kiemeléssel szerepel a drámában, míg a film egy fedőtörténettel igyekszik szublimáltan megjeleníteni azt.

Diegetikus tér tekintetében hasonlóan ahhoz, ahogyan *A vágy villamosa* filmadaptációja esetén Blanche a tóparton mond el egy egészen egyértelműen azonosítható hazugságot fedőtörténet gyanánt (melyet nyilvánvalóan a nézőknek szánt Kazan és Williams), és amelynek drámai magja egy privát jelenetben található, a *Macska a forró bádogtetőn* is intertextuális és intermediális dialógust kezdeményez a dráma szövegével. A publikusan kimondhatatlan tehát szövevényes részévé, alkotóelemévé válik a hollywoodi elbeszélés szerkezetének, amely azonban így eleve magában hordozza mindazokat a tartalmakat, amelyek kimondhatatlanok. E logika szerint a *Macska a forró bádogtetőn* közönségsikere, mely a két sztár, Elizabeth Taylor és Paul Newman heteroszexuális románcát ünnepli, valójában az intermediális dialóguson keresztül talán az egyik legsikeresebb és legsikerültebb rejtett williamsi üzenet: míg *A vágy villamosa* egy jól észlelhetően elnagyolt és az imbecilitás határát súroló indokot vonultat fel Allan halálával kapcsolatban annak érdekében, hogy a dráma traumájára fel tudja hívni a figyelmet, addig a *Macska a forró bádogtetőn* már sokkal kifinomultabb dialógust indít, mely egy pillanatra sem zavarja meg a

---

[33] Robert J. Corber ráadásul arra is rámutat, hogy a bélrák Williams munkáiban – így például a „The Mysteries of the Joy Rio" vagy a „Hard Candy" című írásokban is – a homoszexuális férfi karakterek promiszkuitásának trópusaként jelenik meg (Corber 1997, 120).

hollywoodi románc felszínét.

Az adaptációban egyértelműen, mesterségesen tompított Brick-Skipper-Maggie kapcsolat a hiányzó Másikon keresztül értelmezhető, amit Brooks, a film forgatókönyvíró-rendezője, Big Daddy, a filmben teljes mértékben elhallgatott előtörténetének egyetlen vizuális jelölőjével igyekszik erősíteni. Brooks eleve úgy közelítette meg az adaptáció kérdését, hogy Brick homoszexualitását valahogyan el kell fedni, mindazonáltal ezt szimbolikus módon szublimálva jelölni is kell.[34] Kazan és Williams szemöldökráncoló utalásával vagy Mankiewicz ugró vágásával ellentétben a titkolt tartalmat Brooks disszeminálva, kisebb részletekre osztva és a cselekmény logikájának átstrukturálásával közvetíti úgy, hogy mindeközben nem engedi, hogy a hollywoodi románc jottányit is sérüljön (ez ugyanis a PCA engedélyének visszavonását eredményezte volna, nem beszélve a jegyeladásokból várható bevételének veszélyeztetéséről).

A Big Daddyhez kapcsolódó jelölő éppen az az ágy, amely Brick és Maggie hálószobájában látható, kissé enigmatikus módon a film kezdő képsorain, egy különböző részletgazdagsággal meg-megjelenő képen domináns szerepet tölt be, majd a végén úgyszintén ez szolgál a film lezárásaként. Ez az az ágy, amely Big Mamma szerint a házasság problematikáját jelenti (és jeleníti meg): megjegyzésével tulajdonképpen rá is mutat egy olyan értelmezési tartományra, amellyel a kritikusok többnyire nem foglalkoznak. Egyrészt a dráma szövegéből világosan kiderül, hogy az ágyat a fiatal pár az ültetvény korábbi tulajdonosaitól, a teljesen nyilvánvalóan homoszexuális kapcsolatban élő Peter Ochello és Jack Straw pártól örökölte: ők azok, akik Big Daddyt annak idején befogadták, és örökösükké tették. Ezzel kapcsolatban Robert J. Corber kifejti, Big Daddy múltjának felidézésében rengeteg elhallgatást, hiányos logikai kapcsolatot fedezhetünk fel, azonban viszonya az ültetvény tulajdonosaival korántsem mondható prózainak: Ochello és Straw ugyanis éppen azon tulajdonságai miatt karolták fel az ifjú Pollitot, amelyek most Brickben testesülnek meg, vagyis a jóképű, csinos arc és a sportos, kidolgozott test (Corber 1997, 117-118).

---

[34] Richard Brooks explicit módon vallott a kérdésről, és Brick karakterét „éretlennek" állította be a filmben, hogy ne legyen túlságosan szembetűnő, miért nem vonzódik feleségéhez, illetve ezt az attitűdöt „biztonságos" módon magyarázni lehessen. Lásd: Phillips 1980, 144.

Macska a forró bádogtetőn – a film kezdőképe, illetve a lezárás

Az ágy hangsúlyos vizuális jelenléte és ezáltal diegetikus keretező szerepe egy olyan mellékcselekményre irányítja a figyelmet, amelynek emlegetését a film látványosan elhanyagolja. De Big Mamma szentenciája (az ágyra mutatva ezt mondja: „Ha egy házasság zátonyra fut, az a zátony legtöbbször ott van, ott bizony!") ezen túlmenően közvetve a Skipper-epizódra is utal, hiszen az ágyat éppen Brick és Maggie nem használják, mégpedig azért, mert Maggie és Skipper próbálkoztak meg az ágyba bújással, melynek folyományaként a fiatal pár viszonya az ágyon kívülre korlátozódott.

Ezeket az interpretációs lehetőségeket a non-diegetikus zenei részek is messzemenően alátámasztják. Amint arra Barna Zsanett rámutatott, a film elején látható kép alatt hallható, zongorával kísért szaxofondallam jelentős helyeken és témák említésekor tér vissza, hogy aztán a film végén ismételten felbukkanó kép aláfestéseként megerősítse az ágy képének/képzetének keretező funkcióját (Barna 2005). Jól követhető módon a non-diegetikus melódia a történet két titkolt témájának említését készíti elő: Big Daddy rákja, illetve Brick homoszexualitása tematikus megjelenésekor mintegy metonimikus kapcsolatként hallható a rövid zenei aláfestés – nincs ez másként a fentebb vizsgált jelenetben sem, amikor Skipper fedőtörténetét adja elő Maggie Brick unszolására Big Daddy jelenlétében. A hallható és a látható jelek összekötésével a film mint audiovizuális médium tehát strukturális alapjába szőtte a rejtett, titkolt, kimondhatatlan történetet, amelyet egy néhol már-már harsány melodramatikus felszínnel igyekszik elfedni.

Mindezeken túl az adaptációs dialógusban helye van a dráma előtt készült novellának, a *Three Players of a Summer Game*-nek is, amely – amint arra utaltam – a temporális hierarchiában elfoglalt helye ellenére inkább a dráma (és a film) folytatásaként értelmezhető. Ebben az elbeszélésben tisztán látszik, hogy Maggie és Brick továbbra is gyermektelen pár, előbbi férfias jegyekkel rendelkező nőként az ültetvény ügyeit intézi, míg utóbbi épp annyira alkoholista, mint amennyire a dráma elején megismerte az olvasó. Ez megerősíteni látszik azt, hogy az Ochello-Straw ágyra dobott két párna a dráma egyik verziójának és a filmnek a végén egyáltalán nem biztosítéka sem a heteroszexuális románcnak, sem a gyermekáldásnak: a háromszög alakzat és a karakterek kapcsolata a protodramatikus történettel nem legitimálja az ilyen irányú olvasatokat.

IV. 2. 3. *AZ IFJÚSÁG ÉDES MADARA*

Az ifjúság édes madara filmadaptációja kapcsán talán az első aspektus, amit minden néző észrevesz, az az a képi, esztétikai és nem kevésbé karakterizációs hasonlóság, melyet a film a *Macska a forró bádogtetőn*nel mutat. A hasonlóság részben betudható a kor uralkodó hollywoodi képszerkesztési-fényképezési rutinjának, de talán ennél is fontosabb a rendező személye, aki ez esetben is Richard Brooks, és aki ismételten Paul Newmannel forgatta le ezt a Williams-adaptációt, a drámák karakterizációján túlmenően teret adva Brick Pollit és Chance Wayne figuráinak összevetéséhez. Ezenfelül Brooks ismét az előző Williams-adaptációjában bevált melodramatizáláshoz nyúlt, amelynek segítségével a darabban megjelenő, cenzúra szempontjából problematikus tematikát és a cselekmény ehhez kapcsolódó, illetve ebből táplálkozó aspektusait változtatta meg oly módon, hogy a végeredmény talán még az előző adaptációhoz képest is közelebb áll a hollywoodi sztenderdekhez. R. Barton Palmer szerint nem véletlen a rendező két filmjének összehasonlítása, hiszen ez már csak azért is indokolt, mert a film sokkal jobban hasonlít, illetve sokkal közelebb áll a *Macska a forró bádogtetőn* filmverziójához, mint az adaptáció hivatalos kiindulópontjául szolgáló drámához – így a film kitűnő táptalajt szolgáltat az intermediális dialógus számára (Palmer 2000, 26).

Insert A dráma alapjául egy 1953-as rövid, egyfelvonásos színmű szolgált, amelyet Williams a *The Enemy Time* címmel látott el (Philips 1980, 154). Ebben a műben csupán az a cselekményszál szerepel, amelyben egy fiatal férfi, miután megfertőzi nemi betegséggel a barátnőjét, Heavenlyt, el is veszíti őt – ehhez a látszólag egyszerű szálhoz Williams csak később adja hozzá azt, amelyben a már Chance Wayne-ként megnevezett férfi a korosodó színésznő, Alexandra del Lago szeretője lesz (ibid.). Az elkövetkező finomítások során így megszülető *Az ifjúság édes madara* drámai struktúrája korántsem hordozza magán a sikeres Williams-drámák egységét:

keletkezéséből kifolyólag két, szinte teljességgel különálló, dc legalábbis nem feltétlenül kapcsolódó cselekményszál jelenik meg, ami a darabot a Broadwayn színpadra állító Elia Kazan szerint is tökéletlen szerkesztési mód – Brooksnak ezt kellett valamiképpen egységes, kerek történetté gyúrnia (155).

A történet szerint Chance Wayne visszatér St. Cloudba, a Mexikói-öböl partján fekvő városba, amelyet annak idején botrányai miatt el kellett hagynia – most azonban kész szembenézni múltjával, hogy visszaszerezze egykori szerelmét, az időközben éppen politikai karrierjét építgető helyi hatalmasság, Boss Finley lányát, Heavenlyt. Alexandra del Lago, alias a Hercegnő kísérőjeként jelenik meg, aki egy sikereit már többnyire maga mögött tudó, korával küzdő filmdíva, akit Chance zsarolással tart sakkban annak érdekében, hogy bevezesse a filmiparba, és sikeres színésszé tegye. Chance elmondja a Hercegnőnek eddigi élettörténetét, hogyan vált idősebb, magányos hölgyek vigasztalójává, és hogy miért jött vissza a városba, majd a nő csekkjeivel felvértezve ellátogat a Finley-házhoz is, ahol Boss Finley már a fiát győzködi, dobja ki Chance-t a városból, hiszen Heavenlyt ő tette tönkre annak idején. A kialakuló vitában Tom felhánytorgatja a választási kampányban lévő apjának, hogy szeretőt tart, pedig nem is képes már kielégíteni a nőt, Miss Lucyt – ám Heavenly megjelenése véget vet a vitának.

A lány nem kíván részt venni apja kampánygyűlésén, ám Boss megfenyegeti, hogy ha elmarad, Chance-nek baja esik. Mindeközben Chance találkozik Miss Lucyval a hotel bárjában, majd Tommal is, aki elmondja neki, mi történt Heavenlyvel, miután Chance elhagyta a várost. A közben botrányba fulladó gyűlést követően a Hercegnő jó híreket kap bukásnak gondolt filmje fogadtatásáról, így úgy dönt, visszatér Hollywoodba – Chance-t is magával kívánja vinni, aki viszont inkább marad, hogy visszanyerje Heavenly szerelmét. Miután a Hercegnő távozik, megjelenik Tom és bandája, hogy múltbéli bűneiért bosszút álljanak Chance-en.

Brooksnak a *Macska a forró bádogtetőn* után a cselekményszálak összefésülésén túl a PCA-val, a cenzúrával is többet kellett foglalkoznia, hiszen míg előző rendezésekor az egyetlen igazi tabutémának a homoszexualitás kérdése minősült, *Az ifjúság édes madara* három olyan eseményt is tartalmazott, amelyek nem kerülhettek vászonra. Ezek egyike az a protodramatikus tény, mely szerint Heavenly Chance-től kapott nemi betegséget: a szexuális érintkezés útján történő betegség témája teljesen nyilvánvalóan a Hays-kód pontjaiba ütközött (162). Az egyik tabu aztán a másikhoz vezet, hiszen ezt követően a dráma szerint Heavenly hysterectomián esik át, ami egyrészt visszautal a nemi betegségre, valamint önmagában is olyan testi trauma, amelynek megjelenése a hatvanas évek elején a cenzorok szerint visszatetszést keltett volna az ártatlan amerikai nézőben (163). A harmadik tabu pedig Chance testéhez kötődik: a drámai cselekmény azzal ér véget, hogy Tom Finley és társai Chance-t körbevéve egyre közelítenek hozzá, hogy elkövetett bűneiért kasztrálják Heavenly megrontóját (Williams 2001, 603). Brooks olyan megoldást keresett, amely valamilyen szinten mindhárom tiltott témát és magát a bennük hordozott, szorosan hozzákapcsolódó traumatikus tartalmat is logikailag koherens módon szublimálja és szupplementálja egyben, ráadásul Boss Finley Chance elleni bosszúját is megalapozza. Brooks egy ügyes húzással a nemi betegséget nem kívánt terhességre cserélte, melynek következménye abortusz lett, amellyel indokolttá tette Heavenly apja felé megnyilvánuló dühét és elutasítását, továbbá Chance megadása Tom és társai felé egyfajta áldozattá minősült át, mellyel Heavenly iránti szerelmét és elkötelezettségét bizonyítja a film végén (Philips 1980, 163). A lezárásnál azonban a kasztrációt is szublimált formában kellett bemutatni, ezért Brooks az egész filmben az ifjúsága elvesztése miatt aggódó Chance figurájával igyekezett előkészíteni az utolsó jelenetet, amelyben Tom és bandája Chance arcát, ifjúságának címerét, önmegvalósításának, karrierjének egyetlen lehetőségét töri össze.

A filmhez Brooks a gyártó stúdió, a Metro-Goldwyn-Mayer producereinek szóbeli engedélye alapján két záró jelenetet is leforgatott: egy igazi, Hollywoodra jellemző, heteroszexuális románcot előtérbe helyező, ám az eredeti történet alapján meglehetősen hiteltelennek tűnő cselekménysort, és egy olyan alternatív változatot is, amely megőrizte Williams kifejezetten pesszimista, sötét záróakkordját (ibid.). Az első változat tulajdonképpen megegyezik azzal, amely a film végleges változatában szerepel: Chance minden fenyegetés ellenére elmegy Heavenly házához, azonban időközben Tom és bandája is megérkezik, körbeveszik a ház előtt, és elcsúfítják az arcát. Ezt követően Heavenly kijön a házból, felsegíti Chance-t, majd kettesben indulnak el a sötétségbe.

Az ifjúság édes madara – Chance elcsúfított arca; Heavenly és Chance a film végén

Az alternatív változat korántsem ilyen pozitív kicsengésű – már ami a szerelmes pár történetét illeti. Brooks itt egy korábbi, a drámában is szereplő jelenetet egészít ki: Boss Finley, amikor megtiltja Heavenlynek, hogy még egyszer találkozzon Chance-szel, nem messze a háztól, a tengerparton állva az öböl felé hadonászva igyekszik nyomatékosítani fenyegetését. Azt mondja, ha mégis találkoznak, Chance az egyik szemétszállító uszályon végzi, mert oda is való. Chance végül elmegy Heavenlyért a házhoz, ahol Tom és bandája összeverik, ám ekkor Brooks átvág egy komp képére, amely éppen ugyanaz a komp, amellyel a film elején a Hercegnő és Chance megérkezett. Most azonban a Hercegnő éppen távozik, partnere pedig ezúttal Boss Finley ex-szeretője. Amint a Hercegnő és útitársa kiszállnak a kocsiból és átsétálnak a komphoz, az egyik szemétszállító uszály tetején láthatóvá válik Chance Wayne holtteste (164). Bár Brooks határozottan kiállt az utóbbi, alternatív lezárás mellett, az MGM nem állta szavát, és nem engedte ezzel a verzióval bemutatni a filmet.

A film olyasféle megoldással indít, mint amivel *Az iguána éjszakája* is: megmutatja azt, ami a drámából enigmatikus módon hiányzik, mégpedig a címben szereplő állatot, annak demetaforizált és eltúlzott mennyiségű mivoltában. A címbéli „madár" szimbolikus, metaforikus értelemben kötődik a drámai cselekményhez, ám a film aktualizált egységként[35] kezeli a jelölőt, amely Brooks alternatív befejezéséhez nyújtott volna előkészítést. Így azonban meglehetősen furcsa, hatásvadász nyitányként éktelenkedik a kezdő képsorokat dominálva, mint egy szándékoltan elnagyolt félreértés lenyomataként:

Az ifjúság édes madara – a címszekvencia

Bár Brooks őszintén bízott az alternatív befejezés győzelmében, mellyel helyére került volna ez a hollywoodi sztenderdnek megfelelő bevezető képsor, ám az adaptációban végzett strukturális átalakítások ezt korántsem támasztják alá egyértelműen, ahogyan arra R. Barton Palmer rámutat

---

[35] Az aktualizált egység kifejezést Christian Metz-től kölcsönzöm, aki a nyelv és a filmnyelv összehasonlításakor használta a szóösszetételt annak leírására, hogy a film szükségképpen konkretizálja a nyelvben absztrakt fogalomként használt megnevezéseket, így míg a „kutya" szó annyi kutya képének felel meg a befogadó elméjében, ahány befogadó létezik, addig a film egy konkrét állatot tud megmutatni (Metz 1974, 116). Tulajdonképpen ebbéli minőségében az aktualizált egység meglepő hasonlatosságot mutat Ábrahám és Török demetaforizációjával.

(Palmer 2000, 27). A tabutémák Hollywood-kompatibilissá tételének folyományaként átírt cselekmény ugyanis egyáltalán nem indokolja a borúsabb, Williams elképzeléséhez közelebb álló befejezést, hiszen a narratív felépítés már a kezdetektől fogva egyértelműen pozitívabb végkicsengést sejtet. Ennek fényében a madarak inzertje és a figyelemfelkeltő felirat animációja olyan túlzás, amely – az iguánák túltengéséhez hasonlóan – sokkal inkább az öböl jelenlétére és a diegézisben betöltött topografikus és strukturális szerepére hívja fel a figyelmet.

Cristian Réka M. drámaszemiotikai és pszichoanalitikus értelmezése szerint Chance és Heavenly neve már eleve kódolja a drámai cselekmény kibontakozását: a férfi nevében hordozza tragédiáját, illetve bukását – a „chance" szó „esélyt" jelent, ami pozitív értelmezésre adna okot, ám a családnév, Wayne, az angol „vain" szót rejti, amivel kiegészülve a teljes név nagyjából az „eljátszott esély" vagy „esélytelenség" kifejezésekre rímel (Cristian 2001, 57). Heavenly nevében Cristian azt a mennyországot („*heaven*") azonosítja, amely Chance örömelvének beteljesülése lenne, ám ismét a családnév hozza a tragikus lezárást: a Finley névben rejlő „fin" (vagy „finally") arra a végre vonatkozik, amely Chance-t várja St. Cloudban (a „szent felhőben") (ibid.).

Cristian értelmezése a jelen vizsgálat szempontjából arra világít rá, hogy *Az ifjúság édes madara* bármilyen adaptációs változáson ment is át – gondolok itt elsősorban a producerek akaratának érvényesülésére a *happy end*del kapcsolatosan –, a nevek, mint a vásznon megjelenő szerepek jelölői, mindettől függetlenül magukban hordozzák azokat az attribútumokat, amelyektől a dráma végkimenetele nem lehetett más, mint Chance bukása és a pár különválása. Amint azt láthattuk, Brooks is ezt a befejezést preferálta, amit az alternatív lezárással meg is kívánt erősíteni: végül a motivációs hátteret és a protodrámát sikerült úgy átírnia, hogy a film szinte tökéletes álcája legyen mindannak, amit a dráma nem csupán sugall, hanem be is mutat. A nevek azonban felfedik azt a diszkrepanciát, mely az adaptáció és a dráma cselekményei között feszül: egészen egyszerűen más történetet hordoznak, mint ami a vásznon kibontakozik.

Ábrahám Miklós és Török Mária munkásságára utalva azt mondhatjuk, hogy ezek a nevek – Chance Wayne és Heavenly Finley – nem pusztán fantomogének, de kriptonímiaként értelmezhetők. Amint azt a *Múlt nyáron, hirtelen* elemzésében kimutattam, egy szó képes inkorporálni valamilyen libidinális illetőleg érzelmi többlettel rendelkező történetet vagy utalást, minekáltal a szó felidézése a szubjektum számára problematikussá, traumatikussá válik (Nicholas Rand in Ábrahám és Török 1986, li-lxix). A kriptonímia működését láthatjuk *Az ifjúság édes madará*nak intermediális dialógusában is: nem csupán a cselekmény importálódik az adaptáció diegézisébe, hanem a cselekmény tükrében jelentőssé váló nevek is, amelyek a szoros kapcsolat révén magukban hordozzák a cselekmény traumatikus tartalmait. A film tehát ebben a tekintetben egy tökéletes fantom-mechanizmust mutat be, hiszen a történetben és a tematikában eszközölt tompításokkal és változtatásokkal egy olyan elfedést hoz létre, amely az intermediális dialógus nélkül törölné a drámai utalásokat. A nevek, valamint a madár demetaforizált jelenléte azonban olyan, a diegézis struktúrájához képest idegen, kísérteties, *unheimlich* képzetet biztosít a néző számára, ami mediális törést jelent a tökéletesre polírozott hollywoodi elbeszélés, és az abban kibontakozó románc felszínén. Így bár Brooks nem tudta megvalósítani a hollywoodi sztenderd alapján kiábrándító, sötét, traumatikus befejezést az adaptációban, a fantomogén eszközök mégis belerejtik a filmbe az alternatíva lehetőségét – mindezt dialogikus módon.

A dialógus azonban nem csupán a dráma és a film között valósul meg, hiszen egyfajta filmtörténeti dialógusnak is tanúi lehetünk a rendező néhány gesztusa ürügyén azon túl is, hogy – amint azt fentebb jeleztem – nyilvánvaló kapcsolatot fedezhetünk fel *Az ifjúság édes madara* kapcsán Brooks előző Williams-adaptációjával. Brooks a *Macska a forró bádogtetőn* azon jelenetében, amikor Big Daddy őszintén elbeszélget Brickkel a pincében (ez volt a pszichés topográfia id-szintjén történő ösztöntörekvéseket feltáró szekvencia) mind díszlet, mind pedig kameramozgás szintjén megidézi Orson Welles időtlen klasszikusát, az *Aranypolgárt* (*Citizen Kane*, 1941), amelyben Kane halálát követően a kamera a férfi életében összegyűjtött, most felstócolt, megsemmisítésre váró rekvizitumai között pásztáz, hogy végül megállapodjon a kazánba dobott szánkón, amely az enigmatikus „rózsabimbó" feliratot viseli magán. Brooks a Mississippi-delta ültetvényesével vizuális párhuzamot von, ám mintegy rendezői *hommage*-ként ezt saját kézjegyévé is avatja, hiszen *Az ifjúság édes madara* sem nélkülöz egy wellesi utalást: amint arra Gene D. Phillips rámutat, az *Aranypolgár*ban látható, filmes eszközökkel készült kvázi-híradó részlet, amely bemutatja Charles Foster Kane életét ehelyütt párhuzamba állítható a Boss Finleyről készült dokumentumfilm bemutatásával, amely észrevehetően hasonló stílusban és technikával jelenik meg (Philips 1980, 169).

Az ifjúság édes madara Brooks kezei között Palmer szerint nem csupán folytatta, de tökélyre is fejlesztette azt az adaptációs technikát, amellyel egy társadalmi normákkal alapvetően szembenálló drámát a komplett melodramatizáció segítségével morális tekintetben nem pusztán kompatibilissé, de kifejezetten kívánatossá is tett (Palmer 2000, 28). Mindezt úgy sikerült elérnie, hogy a drámában megbúvó strukturális eltolódást, aminek következtében például Chance nem tud abszolút protagonistaként megjelenni a színpadon, úgy korrigálta, hogy a film első kockájától kezdve rá helyezte a hangsúlyt, hozzá kötötte a filmes nézőpontot. A cselekményvezetés így egységessé vált, és a mediális törés révén átrendeződött a tematika mellett a karakterek kapcsolati hálózatának súlyozása is: ezért vált lehetségessé a nem kifejezetten fősodorbéli cselekmény teljes mértékben Hollywood ízlésvilágára történő formálása, a néhány ponton már-már vizuális giccsbe hajló képi esztétika és a téma összehangolása. Brooks ezzel valójában a Williams-adaptációk között talán a legsikeresebb elfedési mechanizmust működteti, hiszen nem csupán a tabutémákat változtatta meg – ráadásul egyáltalán nem olyan módon, amely leleplezné a változást – a cenzúra kedvében járva, hanem magát a cselekményt is hozzáalakította, ami előtte egyik adaptációra sem volt jellemző.

IV. 2. 4. *AZ IGUÁNA ÉJSZAKÁJA*

Valami egészen furcsa jelenségnek lehet tanúja *Az iguána éjszakája* olvasója: bár a címben szerepel a hüllő, a színpadon soha, egyetlen pillanatig sem jelenik meg. Igaz ugyan, hogy hanghatások formájában, deiktikus referenciaként, illetve strukturális szervezőerőként a dráma szövege többször is tudatosítja a kísérteties jelenlétet, ám testi valójában a rendezői utasítások nem engedik „láttatni" e különös lényt: „szél hangja hallatszik az esőerdőben, és arany fény villan, mintha arany érmék szóródnának szét hangtalanul a verandán."[36] *Az ifjúság édes madara* filmverziójához hasonlatosan John Huston adaptációja azonban igen korán a hiányban való jelenlét ellentételezésére vállalkozik, hiszen a film eleje már tobzódik az iguánák látványában, sőt a Costa Verdén foglyul ejtett példány hajszáját és egy napját is tételesen végigkövethetjük. Mindezek mellett az iguána furcsamód éppen azt a vizuális térben kitüntetett ponttá minősülő pozíciót foglalja el, mint amelyet a *Múlt nyáron, hirtelen* filmadaptációjában a kísérteties módon megjelenő, és a diegézisbe véső dő csontváz: az iguána ugyancsak a veranda alatt, a dzsungelben foglalja el helyét, amely egyben megfelel a verandát keretező kamerapozíciónak is, így a filmes tekintet eredőjének is.

---

[36] "… there is a windy sound in the rain forest and a flicker of gold light like a silent scattering of gold coins on the verandah." Williams 1976, 271 – Saját fordítás.

Iguánák a filmben; a veranda alá kikötözött iguána

Az iguána éjszakája című dráma azzal kezdődik, hogy Lawrence T. Shannon, egykori episzkopális tiszteletes, a Blake Tours utazási iroda túravezetője hisztérikus állapotban megérkezik Costa Verdére, egy buja növényzettel borított domb csúcsára, ahol barátját, Fred Faulkot keresi, hogy kiöntse neki szívét, és egyfajta személyes feloldozást nyerjen. A szezonon túli időszakban zárva tartó hotelben azonban csak Maxine, Fred felesége fogadja, aki közli vele, hogy Fred nemrég meghalt. Shannon éppen egy texasi női kórus idegenvezetőjeként roppan össze idegileg, miközben egyszerre két nő is üldözi: Charlotte Goodall, az ifjú kórista szerelmével, valamint a kórus vezetője, Miss Fellows folyamatos elégedetlenkedésével és fenyegetőzésével, ami számonkéréssel súlyosbodik, mikor megtudja, Shannon engedett Charlotte csábító közeledésének. Shannon ugyan képes ideig-óráig feltartani a csoportot, hogy azok ne tudjanak visszatérni a városba, hogy onnan kapcsolatba tudjanak lépni a Blake Toursszal és kirúgassák állásából, ám az elkerülhetetlen vég bekövetkezik, a csoport távozik. Mindeközben egy furcsa páros jelenik meg a hotelben szállást keresve: Hannah Jelkes és nagyapja, a költő Jonathan Coffin, aki éppen élete utolsó versén dolgozik. Shannont hisztérikus kitörései miatt egy függőágyhoz kötözik, vizuális párhuzamot hozva létre ezáltal a tornác alá kikötött iguánával, amit szintén Maxine két segítője, Pedro és Pancho kaptak el a dzsungelben. A lekötözött Shannon a máktea hatására megnyílik Hannah előtt, majd beszélgetésük végeztével a nő eloldozza a megkönnyebbült Shannont, aki viszont az iguána kötelét vágja el. Mindeközben a Nonnóként becézett Jonathan Coffin elkészül utolsó versével, melyet a veranda kerítésénél a tengert nézve elő is ad, majd fáradtan visszavonul. Maxine végül meggyőzi az eleinte cinikus és vonakodó Shannont, vegye át Fred helyét, és maradjon vele Costa Verdén. Hannah közben indulni készül, és a kerekesszékben szundikáló nagyapjára néz – aki közben jobblétre szenderült.

A film diegetikus tér tekintetében több ízben is kibontja a drámát, hogy a minimális cselekményt kissé mozgalmasabbá tegye, valamint néhány karakter motivációját jobban kibontsa. Huston ennek megfelelően filmre vitte Shannon egyik botrányba fulladt prédikációját, melyet még a főcím elé helyezett, egyfajta prológusként. Miután az előbb megrökönyödött, majd felháborodott közösséget szinte kiüldözi az esőbe, a következő jelenetben Shannont ismét egy templom közelében látjuk – ezúttal a beállítás és a fentről induló függőleges svenk (*tilt*) azonban egy mexikói templomról az éppen alkoholt kortyolgató, immáron elbocsátott, volt tiszteletest mutatja, aki éppen a nem túl bizalomgerjesztő minőségbiztosítással rendelkező Blake Tours utazási iroda olcsó túráját vezeti úttalan utakon. A térbeli kiterjesztés technikája ezt követően már csak addig működik a filmben, amíg a csoport meg nem érkezik a drámából és az azonos című novellából (Williams 1986, 240-257) is ismert, dzsungelszerű növényzettel övezett Costa Verde hotelbe, ahol már néhány apróbb inzerttől eltekintve végig a veranda a cselekmény helyszíne – olyannyira, hogy a visszaemlékezéseket ebben a filmben nem szakítja meg vagy nem egészíti ki a *Múlt nyáron, hirtelen* szerkesztésében látható hangsúlyos *flashback*hez hasonló képsor sem, holott a Hannah-Shannon párbeszéd meglehetősen hosszú játékidőt ölel fel. Az egyik ilyen inzert az iguána csapdába ejtésének jelenete, amely egy hagyományos üldözési jelenetnek felel meg, ahol Huston látszólag igyekszik megfelelni Williams azon leírásának a hüllő felbukkanására vonatkozóan, amely szerint csupán villanásokra tűnik elő a kies aljnövényzet között.

Az aranyfény felvillanása, ami az iguána vizuális metonímiája, a dráma és filmverziójának dialógusában mintha csak Foucault transzgresszióról szóló kijelentését jelenítené meg fikcióba ágyazva, mintegy demetaforizált formában: a hiány-jelenlét intermediális bevésődése révén a mediális törés tárul elénk *Az iguána éjszakája* esetén. A kísérteties módon elnémított jelenet a drámában pusztán vizuális jelöléssel bír, melynek kibontása a filmben egy vérbeli üldözési jelenetté válik, vagyis formailag megidézi a klasszikus hollywoodi elbeszélés egyik alapvető narratív formuláját. Az iguána figurája így a dráma címébe inkorporálódott kriptikus talányként, valós hiányként is felfogható, aminek tárgyi szupplementumát csupán a film adja meg (ebben a tekintetben a dráma adekvát címe *Az iguána hiánya* lehetne). Így tehát az iguánák megtöbbszörözött jelenléte a filmben egyértelműen a drámában jelenlévő hiányra, űrre hívja fel a figyelmet – ebben az értelemben a filmbéli hüllő a drámai szöveg *objet petit a*-jaként is funkcionál, így erősítve tovább a dialogikus köteléket a mediális reprezentációk között. Mint ilyen, a filmbéli iguána éppen az a vizuális túlzás, amely a mediális törés filmi artikulációjaként funkcionál.

Pontosan ebbéli minősége biztosítja a fel-feltűnő, alapvetően vásznon túli pozícióba kényszerített iguána kitüntetett szerepét: a *mise-en-scène* kísérteties jellegét azzal éri el, hogy az iguána a lacani tekintet pozícióját foglalja el, vagyis éppen azt a strukturális pontot a látómezőben, pontosabban a diegetikus térben, amely nem odaillő, nem integrálható, környezetéhez képest heterogén – hasonlatosan a koponyához Hans Holbein már korábban említett, *A nagykövetek* című festményén (Lacan 1998, 88). Ez a lehetetlen, posztstrukturalista terminológiával élve „Hiányzó"[37] pozíció így a teljes filmi diegetikus világ és a narratíva létrejöttéért és működtetéséért felelős entitás: az a spektrális, illékony test, ami pontosan megfelel a *Múlt nyáron, hirtelen* csontvázának, vagy *A vágy villamosa* tavára ereszkedő fátyolos ködnek, amelyet Allan lehetetlen tekinteteként azonosítottam.

Mint ahogyan számos más Williams-dráma esetében elmondható, *Az iguána éjszakája* is rendelkezik egy novella előzménnyel, melynek címe megegyezik a drámáéval, története pedig annak egy töredékét képezi csupán. A novella ugyanis sokkal inkább szól a szövegben Edith Jelkesként elnevezett Hannah-ról, mint a dráma protagonistájaként megjelenő Shannonról – hiszen a férfi karaktere meg sem jelenik a történetben. Miss Jelkes leírása egyértelműen egy déli államból származó, harmincas éveiben járó, mindig fehérbe öltöző hölgyet idéz, aki az episzkopális egyházi leányiskolában művészetet tanított egészen addig, amíg idegösszeroppanása miatt abba nem kellett hagynia (Williams 1986, 240) – furcsamód mintha Blanche DuBois és Mrs. Venable karaktereinek keverékéről olvasnánk. Két fiatal író jelenik még meg a novellában a név nélkül szereplő tulajdonosnő mellett: a függőágyban intim beszélgetésekbe burkolóznak, mintha a dráma vagy a film előtörténetében Fredet és Shannont látnánk.[38] Miss Jelkes meglehetősen furcsa családi háttérrel megáldva (patologikusan szexuális túlfűtött egyik rész, illetve teljesen *aphanisis*es[39] másik rész) utazik, mígnem Costa Verdén igyekszik megszabadulni szexuális frusztrációjától: az idősebb homoszexuális írót próbálja meg elcsábítani, aki csakis azért megy bele a

---

[37] A „Hiányzó" a posztstrukturalista filmelmélet egyik, az 1970-es években meghatározó elmélete, a varratelmélet szerint a film imaginárius, azaz Képzetes forrása, az a lehetetlen és lokalizálhatlan pozíció a filmi nézőpontok váltakozásának folyamatában, amely tekintete által fűzi össze a jeleneteket, megteremtve és fenntartva ezáltal a diegetikus tér integritását. Lacani terminológiával élve a Hiányzó tulajdonképpen a Másik, a tekintet letéteményese, a hiány strukturális jelölője. Lásd: Cristian és Dragon 2008, 44-45.

[38] Williams 1986, 241-242. A két fiatal író alapjául maga Williams és egy éppen Costa Verdén időző másik fiatal szerző szolgált: Phillips 1980, 282.

[39] Ernest Jones által bevezetett fogalom, mely a szexuális igény elvesztését jelöli. Laplanche és Pontalis 1994, 39-40.

folytatást nélkülöző légyottba, hogy önmagának bizonyíthassa, áttért a heteroszexualitás útjára.

Sok ismerős, visszatérő téma és karaktervázlat jelenik meg tehát a novellában, melyeket aztán a dráma és a film vagy kibont, vagy teljesen átalakít. Az elsődleges átalakítás Edith Jelkes figuráját illeti, hiszen Hannah Jelkes néven immáron a nagyapjában megtestesülő idős-fiatal költőt kíséri útjain, ám szexuális útkeresése Costa Verdére már egyáltalán nem terjed ki. A másik főbb változás természetesen Shannon megjelenése, ami által a történet és a cselekmény fókusza is teljesen megváltozik. A drámához képest természetesen a film is alakít némileg a karakterizációkon, hiszen Williams maga is jelen volt néhány forgatási napon, és például a Shannon szobájában játszódó egyik kulcsjelenetet maga Willams írta a helyszínen – amelynek során Charlotte Goodall megpróbálja elcsábítani az egykori tiszteletest (a novella csábításjelenetének egyfajta átírataként), ám Shannon széttört üvegen járkálva monoton hangon prédikálva próbálja meg távol tartani magától a lányt. Olyan jelenetről van szó, amely a rendező szerint megmentette a filmet (Huston 1980, 310).

Az iguána éjszakája – Williams helyszínen hozzáadott jelenete

Érdekes módon, a nevek a változtatásokat követően egymáshoz való kapcsolatukban kifejezett közösséget alkotnak, és így a háromszögesített kapcsolatrendszeren túlmenően egy alternatív kapcsolati háló született meg: Hannah neve alapvetően tükörnév, ám ha hozzárendeljük Nonno és Shannon nevét is, akkor egy különös összetartó erőt fedezhetünk fel, a duplázott mássalhangzók ismétlésén keresztül:

A három név összekapcsolásából látszik, hogy Shannon nevének kezdőbetűje, az „S" többlete nélkül, a sorok között transzgresszív módon átjárva a másik két név több vektorirányban is leírhatóvá válik, aminek érdekessége, hogy a Shannon név egyszerre női- és férfinév is, amely így probléma nélkül magában foglalhatja a fentiek közül akár a női-, akár a férfinevet is. Ezáltal Ábrahám és Török elméleti munkájára utalva az is kimondható, hogy a Shannon név egyfajta kriptonímiává válik, így zárványként, inkorporálódott tartalomként hordozza magával a későbbi, analitikus feltárásnak beillő jelenet megannyi traumatikus tartalmát. A kísértet (*spook*),[40] amely állítása szerint folyamatosan üldözi Shannont, így nem más, mint az a fantomogén mechanizmus, amely az egykori tiszteletest folyamatosan a tenger felé, Costa Verdéhez irányítja – csakúgy, mint ahogyan Nonno is ugyanerről a késztetésről beszél, és erről készül utolsó, életét lezáró műve is.[41]

Ez a triviálisnak tűnő kapcsolódási pont a drámában és a filmben egyáltalán nem az, hiszen valami megmagyarázhatatlan okból kifolyólag Shannon azonnal közösséget érez Nonnóval, akit nagypapának szólít, valamint Hannah lesz számára az egyetlen, aki Fred helyébe lépve partnerként tud vele bánni, akinek meg tud és meg akar nyílni. A film Maxine féltékenységi jelenetével tulajdonképpen alá is húzza, hogy Hannah és Shannon kapcsolata jóval erősebb és mélyebb, mint az egyszerű beszélgetőpartnereké – egyébiránt ruházatuk alapján is összetartozónak vélhetnénk hármójukat, hiszen folyamatosan fehér öltözéket viselnek, ami mintha a *Múlt nyáron, hirtelen* stílusára utalna.

Azonban van itt még egy kapocs a *Múlt nyáron, hirtelen*nel: Williamsnek olyannyira tetszett Katherine Hepburn játéka Mankiewicz filmjében, hogy

---

[40] Williams karakterei mindig valamiféle kísérteties koncepcióhoz kapcsolódnak, amely minden esetben a traumatikus tartalomra utal: ami Shannon kísértete, az Brick Pollit „klikk"-je, Blanche DuBois Varsouvianaja vagy Mrs. Stone „sodródása". Ezek a képzetek a karakterizáció olyan pontjai, amelyek a szubjektumon kívülről definiálják a karaktert.

[41] Olyan képzet tárulhat a néző, illetve az olvasó elé, mint amilyenről a *Múlt nyáron, hirtelen* szövegében Mrs. Venable számol be a galapagoszi élményekkel kapcsolatban, amikor is a frissen kikelt teknősök indultak a tenger felé. Másrészt viszont ezek az ösztönösnek tűnő késztetések, amelyek a karaktereket folyamatosan a tenger felé irányítják hasonlatosak a Ferenczi Sándor által leírt „talasszális regresszió" meghatározásában foglaltakhoz, amely röviden „az ősidőkben elhagyott tenger utáni vágy gondolata", aminek továbbélését Ferenczi egyébiránt a genitalitásban látja. Ennek kapcsán a gyíkfélék szerepét az evolúciós fejlődésben külön kitüntetett pontként jelöli meg, hiszen ez a faj az első olyan, amelynél a genitáliák a szárazföldi közösülést is lehetővé teszik, vagyis például az iguána annak az utolsó biológiai kapocsnak a jelölője, amely az embert a tengerhez köti. Lásd: Ferenczi 1997, 73-75.

Az iguána éjszakája színdarab változatát tulajdonképpen neki írta, pontosabban azért írta meg, hogy a színésznő eljátszhassa Hannah Jelkes szerepét (Philips 1980, 196). Ez az intermediális dialógus szempontját illetően több aspektusból is érdekes: egyrészt a dráma alapja ennek fényében már korántsem csupán az azonos című novella, hanem a Gore Vidallal közösen írt forgatókönyvből Joseph L. Mankiewicz rendezésében készült *Múlt nyáron, hirtelen* című film. Másrészt a két szöveg-film korpusz karakterkapcsolatok szempontjából is érdekesen alakul: a Hannah Jelkes – Jonathan Coffin páros éppen a Violet Venable – Sebastian Venable páros inverze, amennyiben a kizárólagosan és hangsúlyozottan fehérbe öltöző párok közül a férfi karakter olyan költő, aki nem „valamennyi idős" (*years old*), hanem „valamennyi fiatal" (*years young*), és a dráma idejében fontos nyári napon hirtelen „megöregszik" és meg is hal; a női karakterek pedig mindkét esetben utazótársként vigyázzák, illetve felügyelik a költők művészi tevékenységét egyfajta furcsa, elfojtott inceszt kapcsolatban. Harmadrészt pedig ez az eset az adaptáció kérdését tovább cizellálja és finomítja: immáron nem csupán két vagy három, valamilyen módon konkrét, Genette meghatározása szerinti intertextuális kapcsolattal bíró szöveg érintett a vizsgálat során, hanem figyelembe kell venni a filmtörténeti hatásokat is más filmek alapjául szolgáló irodalmi szövegek keletkezésénél, ami végérvényesen felülírja és érvényteleníti a hűségkritikához kapcsolható temporális hierarchián alapuló megközelítést.

A *Múlt nyáron, hirtelen* tehát a dialogizmus rejtett kapcsolati lehetőségének mentén ad strukturális támpontot *Az iguána éjszakája* értelmezéséhez, ami tehát a filmtörténeti relevanciából táplálkozva vizuális jegyekkel is erősíti a két színmű (és adaptációik) közösségét. Azon túl, hogy a Violet Venable – Sebastian Venable kettős tulajdonképpen inverz módon megjelenik Hannah Jelkes és Nonno párosában, jó néhány konkrét kapcsolat is fellelhető a drámák és filmek szövevényében. A páros férfi szereplői, Sebastian és Nonno minden megjelenésük alkalmával ugyanolyan fehér öltönyt és nadrágot viselnek – Sebastian történetéből azt is megtudhatjuk, hogy esetében ez egyben kulturális jelölőként a római mitologikus háttérre is utal. Ugyanígy feltűnő, hogy Mrs. Venable és Hannah öltözéke is megegyezik, olyannyira, hogy a *Múlt nyáron, hirtelen* egyetlen ékszerét Hannah öltözékén láthatjuk visszaköszönni. De a karakterizáció és a kellékek szétosztása nem marad meg a nemi határok között: a dráma Mrs. Venable-je például ugyanúgy kerekesszékben ül és bottal jár, mint ahogyan Nonno is – ráadásul a bot végül Hannah kezébe kerül, aki éppoly színpadiasan távozik, mint ahogyan Mrs. Venable. Ott van aztán Dr. Cukrowicz figurája, aki Catherine analízisét végzi a verandán – ennek párhuzamaként Hannah is hasonlóan tesz Shannonnal, ráadásul mindkét esetben jelen van egyfajta „igazságszérum" is: míg Cukrowicz orvosként injekcióval juttatja Catherine szervezetébe a szérumot, addig Hannah mákteával itatja a hisztérikus állapotban vergődő Shannont.

A két intertextuális hálót további azonosság is összeköti: mind a dráma, mind a filmadaptáció egészen explicit módon hangsúlyozza, hogy az elhunyt Fred helyét Shannon veszi át – ezt rögtön Shannon színrelépésekor tudni lehet, hiszen Maxine a megfáradt és lázas barátnak felajánlja Fred cipőjét, melyet a férfi eleinte visszautasítani látszik (a felajánlásban rejlő idiomatikus értelemre utalva, hiszen az angolban a „to be in one's shoe" kifejezés arra utal, hogy az illető valaki más helyében van, vagy más helyébe lép), majd később mégis elfogad. Az elfogadás folyamata és a pár létrejötte ehelyütt is hasonlóságot mutat a *Múlt nyáron, hirtelen*ben látottakkal, hiszen ott Mrs. Venable eleinte enigmatikusnak tűnő mondatai azonosítják egyre határozottabban Cukrowicz-ot Sebastiannal, majd maga Catherine is éppen úgy kezeli őt, hogy a végén már meg se lehessen különböztetni az elhunyt költőt az orvostól – legalábbis ami a strukturális pozíciójukat illeti (bár Cukrowicz esetében a fizikai hasonlóság az alapja az elsődleges azonosításnak).

Fred

Maxine   Shannon

                              Iguána
Hotel   (megkötözve a dzsungel szélén)

Tenger   Veranda
(Costa verde)

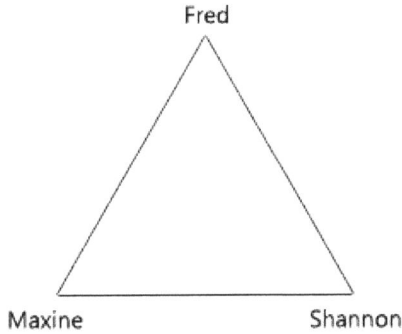

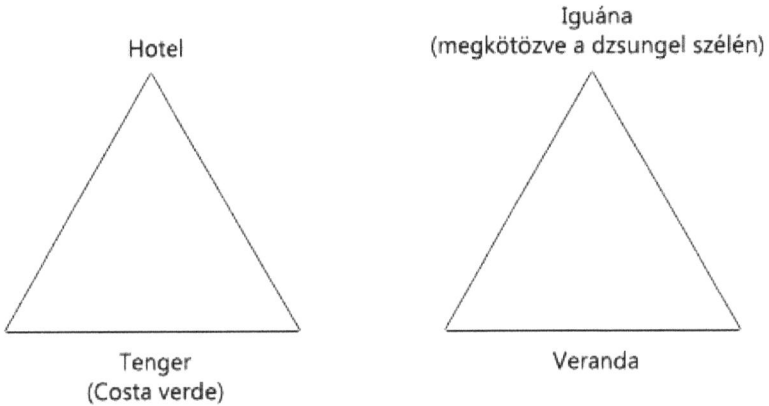

Háromszögek: kapcsolati, topografikus és tekintet szerinti elrendezésben

Az előző Williams-adaptációkra vonatkozó vizsgálatok és interpretációk alapján jól látszik, hogy a háromszög struktúrában résztvevő karakterek közül egy mindig hiányzik – éppen az a karakter, akinek története traumatikus magként kísérti a cselekményt és a reprezentációt mind a drámában, mind pedig a filmben. Míg a drámák viszonylag egységesen kezelik ezt a hiányt, és visszaemlékezésekben, illetve felidézett cselekményfoszlányokban közvetítik a traumatikus tartalmakat, addig a filmek részben megtartják ezt a stratégiát, részben filmforma tekintetében felülírják azt – egy aspektusban azonban majdhogynem minden esetben közös platformot találhatunk bennük: rendezőtől, stúdiótól, forgatókönyvírótól és időszaktól függetlenül szinte pontosan ugyanazt a vizuális szerkesztésmódot implementálják, mely elősegíti és működteti a szubverzív tartalmakat, melyek a kimondhatatlan és megjeleníthetetlen kategóriájába tartoznak. Mindezt úgy, hogy a felszínen szinte makulátlan klasszikus hollywoodi elbeszélést hoznak létre, mely a szabályoknak megfelelően reprodukálja a semmitmondó váznak tetsző heteroszexuális románc kötelező, normatív történetét.

Mint látjuk tehát, a háromszögek esetében a hiányzó karakter hordozza a traumatikus tartalmat, amely így közvetlen módon nem jelenítődik meg. Azonban a diegetikus tér topografikus vizsgálatából kiderül, hogy a kamera pozíciója kivétel nélkül a hiányzó, spektrális, kísérteties test pozíciójából mutatja be a történéseket, mely pozíciót minden esetben valamiféle asszociatív markerrel, illetve tárgyi korrelátummal lát el. A *Múlt nyáron, hirtelen* esetében ez a Sebastian által létrehozott, mesterséges dzsungelben található csontváz pozíciója, mely furcsa, betüremkedő, mégis megfoghatatlan és észrevehetetlen tekintetként foglalja el megfigyelő helyzetét. *A vágy villamosa* estében abban a kulcsjelentben, amikor a Catherine-éhez hasonló helyzetben, Blanche egyfajta emelvényen elmondja Allan történetét Mitch-nek, a kamera pozíciója furcsamód nem a szintén a kvázi-emelvényen (színtéren) helyet foglaló Mitch-é, hiszen az egész jelenetet a tó felől láthatjuk. A tóról tudjuk, hogy elnevezése asszociatíve Allanhez kapcsolja, még pontosabban éppen Allan halálához.

Az iguána éjszakája minden nyitottsága ellenére is meglehetősen rejtőzködő a traumatikus tartalmat illetően: míg a dráma egészen nyíltan, sőt egyenesen szókimondóan kezeli Shannon gyerekkori traumáját, és ezzel tökéletesen érthető magyarázatot szolgáltat istenhez és valláshoz fűződő kapcsolatára és ennek mibenlétére, addig a film vajmi keveset mutat meg mindebből, erősen apellálva a Shannont alakító Richard Burton karizmájára, amivel igyekszik feledtetni a cselekedetei mögül hiányzó motivációt – pontosabban elég egysíkú, sekélyesen pszichologizált alapot adva a karakter indíttatásául. A beszélőkúrának, vagyis analitikus helyzetnek is beillő felállásban a Fred (vagy ahogyan a finom utalások alapján a nevet könnyedén félreolvasva Freud) helyét ideiglenesen, átutazóként átvevő Hannah-nak a máktea hatása alatt álló, így majdnem minden traumatikus emlékét felidéző Shannon éppen csak azt a protodramatikus jelenetet nem említi, amely egész életét meghatározva, mintegy kényszeres ismétlődést előidézve ide juttatta (és ide juttatja minden egyes évben: lásd Williams 1976, 300): a drámában Maxine hozakodik elő azzal a történettel, amelyet Shannon még Frednek mondott el egyik beszélgetésük során, és amely szerint Shannont édesanyja egy nap maszturbáláson kapta, és istennel fenyegetőzve megbüntette őt a „kisfiúk bűnének" elkövetéséért (290). Ezt követően Shannont egész élete során egy „kísértet" (*spook*) üldözi, melytől képtelen megszabadulni, és amely mindig Fredhez üldözi, ahol Shannon időlegesen megnyugvásra lel, ám a kísértet rendszeresen vissza-visszatér. Maxine a következőképpen szembesíti Shannont a drámában saját ősjelenetével:

MAXINE: Ismerem a pszichológiai háttered. Emlékszem az egyik Freddel folytatott beszélgetésetekre itt, a verandán. Azt magyaráztad éppen neki, hogyan kezdődtek a problémáid. Elmondtad neki, hogy Mama, a te Mamád, mindig olyankor küldött el aludni, amikor még nem voltál rá kész – ezért a kisfiúk bűnét gyakoroltad, örömöt szereztél magadnak. Ám egyszer rajtakapott, és a hátadat egy hajkefe hátával püfölte, mert azt mondta, meg kell büntessen, mert feldühítetted Istent, épp annyira, amennyire Mamát is feldühítetted, ezért meg kell büntessen, nehogy Isten keményebb büntetést rójon ki rád, mint ő.

SHANNON: Fredhez beszéltem.

MAXINE: Igen; de mindent hallottam. Elmondtad, hogy szeretted Istent és Mamát, így felhagytál ezzel, hogy örömet szerezz nekik, de ez volt a te titkos örömforrásod, és titokban nehezteltél rájuk, amiért le kellett mondanod erről miattuk. Így aztán ateista prédikációiddal vágtál vissza Istennek, Mamának pedig azzal, hogy fiatal lányokkal feküdtél le. (290)[42]

Éppen ez a motiváció hiányzik a filmadaptációból, melyben az alkohol és Shannon széthulló élete a magyarázat arra, miért is roppan össze és fordítja a túrabuszt Costa Verde felé, hogy Freddel találkozhasson. Ez az elhallgatott, elfedett történetfoszlány az, amely megmutatja Shannon ateista prédikációinak eredetét, valós mibenlétét – tulajdonképpen ez az ősjelenet az, amely meghatározza Istennel és a nőkkel való kapcsolatát is, és talán az sem véletlen, hogy Maxine-ben miért látja fallikus anyjának helyettesítését. Ismét egyfajta párhuzamot fedezhetünk fel a *Múlt nyáron, hirtelen* ősjelenetével, melyben Sebastian anyjával Encantadas szigetén szemtanúja volt az éppen kikelő teknősök versenyfutásának, amint megpróbálták elérni az oltalmat jelentő tengert, miközben keselyűk támadtak rájuk a levegőből: Sebastian kétségbeesését látva anyja Isten törvényével magyarázta a

---

[42] „MAXINE: I know your psychological histroy. I remember one of your conversations here on this verandah with Fred. You was explaining to him how your problems first started. You told him that Mama, your Mama, used to send you to bed before you was ready to sleep – so you practised the little boy's vice, you amused yourself with yourself. And once she caught you at it and whaled your backside with the backside of a hairbrush because she said she had to punish you for it because it made God mad as much as it did Mama, and she had to punish you for it so God wouldn't punish you for it harder than she would.
SHANNON: I was talking to Fred.
MAXINE: Yeah; but I heard it, all of it. You said you loved God and Mama and so you quit it to please them, but it was your secret pleasure and you harboured a secret resentment against Mama and God for making you give it up. And so you got back at God by preaching atheistical sermons and you got back at Mama by starting to lay young girls." Ibid. (Saját fordítás.)

jelenséget, amely így Shannonhoz hasonlóan az ifjú költőben is a torz istenkép megjelenésének forrásává vált. Mindkét esetben az anyai pozíció kerül metonimikus kapcsolatba az istenség fogalmával, és mindkét esetben valamiféle traumatikus törésben manifesztálódik ez a katexis, amely folyamatosan kísérti-kíséri a két karaktert élete során, valamint egyértelműen meghatározza döntéseiket és választásaikat hétköznapi és szexuális szinten is.

A film végén Maxine felajánlja Hannah-nak és Shannonnak, vegyék át a hotelt, amelynek nyereségéből így ő csupán részben profitálna – azonban a két kedvezményezett hamar átlát a szitán, és tudják, hogy mindez csupán Maxine féltékenységén és kettejük kapcsolatának félreértésén alapul: olyan lezárás ez, amelyet sem a dráma, de tulajdonképpen a film változat sem indokol, csupán annyiban, hogy a kötelező románc biztosított legyen, és egyértelmű jelzést láthasson a néző arra nézvést, hogy Maxine miért is igyekszik a történet kezdete óta magához láncolni Shannont. Ez a lezárás nem szerepel a drámában, és annak fényében is meglehetősen érdekes befejezés, hogy Sahnnont Fred-pótlék gyanánt próbálja a hotel vezetője ott tartani: Fredről pedig tudjuk, nem igazán teljesítette férji kötelezettségét, hiszen szexuális együttlét helyett inkább horgászni járt a tengerre. Ezen túlmenően Maxine magyarázata sem hagy kétséget afelől, hogy nem igazi szerelemről, illetve vágyról van itt szó, hiszen hangsúlyozza, azért van szükség Shannon jelenlétére, hogy a hotelbe vonzza a fiatal hölgyeket – ennek fényében teljesen világos az is, hogy Shannon csupán azért marad, mert így lehet legközelebb Fredhez, és ismét szert tesz egy fallikus anyafigurára.

Az iguána éjszakája tehát több ponton is meginvitálja az intermediális dialógust egyrészt az azonos cím alatt szereplő szövegek (a novella és a dráma) és a filmadaptáció révén, valamint a filmtörténeti kapcsolat által, amely így a *Múlt nyáron, hirtelen* közvetlen intertextuális kapcsolatává is teszi a korpuszt. A mediális törés egyrészt ismét a már feltárt vizuális struktúrát generálja annak ellenére is, hogy a filmkészítői gárda egyáltalán nem azonos az eddigi adaptációk szerzőivel; másrészt a cenzúra dokumentált jelenléte híján is törölt párbeszéd kapcsán indulhatunk el az intermediális dialógus által kijelölt úton, amely az igen fontos protodramatikus jelenetre, Shannon ősjelenetére vonatkozik, és amely megalapozott motivációt biztosított a férfi viselkedéséhez. A mediális törés elfedésére Huston szinte pontról pontra ugyanazokat a stratégiákat vetette be, amelyeket a korábban elemzett filmek kapcsán már feltártam: *Az iguána éjszakája* is egy teljesen fals, minden előzményt és indíttatást nélkülöző heteroszexuális románc idilljét veti be annak érdekében, hogy a klasszikus hollywoodi elbeszélés narratológiai szabályai érvényesülhessenek. Ez az átlátszó, minden hitelt nélkülöző felszín azonban csupán a dialogizmus felnyitásához vezető fedőtörténet, amely éppen a törésből, pontosabban a törésekből táplálkozik: ahogyan azt

Ábrahám Miklós és Török Mária találóan megfogalmazták, a burokban megmutatkozik a mag, amelyet előbbi elfedni látszik (Ábrahám 1998, 299).

A fantom, avagy a spektrális test kérdése ehelyütt is egészen demetaforizált formában jelenik meg: az iguána által jelölt, állandóan jelenlévő, vizuális értelemben vett hiányként manifesztálódó tekintet és az ehhez kapcsolódó textuális hiány együttes fantomogén hatása az, amit a filmadaptációban Shannon kísértetének nevezhetünk – az adaptációs aktus áthágásaként, a mediális törés elfedett, ám konok ragaszkodásaként értelmezhető strukturális pont vagy pontok halmaza. Az adaptációs stratégia tehát teljességgel fantomogén: azért mutat valami teljesen nyilvánvalót, amely tökéletesen illeszkedik az elvárási horizonthoz, hogy valami mást sikeresen el tudjon fedni, ám az elfedés tárgya szükségszerűen átsejlik a burkon. *Az iguána éjszakája* esete azt mutatja meg, hogy egy ideológiai béklyótól nagyjából mentes kontextusban, pusztán a reprezentációs mechanizmus, a másik médium formai elvárásai miként hoznak létre olyan mediális törést az adaptációban, amely így is elfedések rendszerével működik, illetve miként képes ily módon egy adaptáció beindítani az intermediális dialogizmust.

IV. 3. INTERMEDIÁLIS KALANDOZÁSOK

IV. 3. 1. BABY DOLL

A *Baby Doll* keletkezéstörténete meglehetősen kacskaringós, olyannyira, hogy már önmagában is alapjaiban rengeti meg a hűségkritikai hierarchiát, illetőleg dichotómiát. Williams 1935-ben írta meg a később saját jogon, drámaként (*A Mississippi Delta Comedy* alcímmel ellátva) is többször bemutatott *Twenty-seven Wagons Full of Cotton* című novellát (Williams 1986, 45-51), mely a *Baby Doll* címet viselő forgatókönyv alapjául szolgált. Elia Kazan kérésére a szerző összedolgozta az eredeti novellából készült egyfelvonásos drámát egy másikkal, a *The Unsatisfactory Supper* című, szintén egyfelvonásos színművel (Philips 1980, 87), ám e projektet mégsem tudták első próbálkozásra filmként megvalósítani: így Williams a két szöveget átdolgozta drámává *Baby Doll* címen. A mű keletkezéstörténetének további elágazásaként a *Baby Doll* drámai szövege sok esetben a *Tiger Tail* címet viseli (manapság ezt tekintik a dráma hivatalos címének)[43] – így került a magyar fordítóhoz is, aki az *Aranybogár* címmel látta el a szöveget. Williams tehát később, 1956-ban ezt a drámát adaptálta újra a vászonra – vagyis furcsamód visszatért az eredeti célkitűzéshez, miközben a szöveg, számos mediális kirándulást téve, több történetet is magába tudott fogadni.

---

[43] Palmer és Bray 2009, 123. Megjegyzendő, hogy az egyik legelterjedtebb, Penguin által jegyzett kiadásban a *Múlt nyáron, hirtelen* és a *Something Unspoken* mellett nem a *Tiger Tail*, hanem a *Baby Doll* szerepel, mégpedig úgy, hogy a kiadó meghagyta a forgatókönyvi jelzéseket a szövegben, mintegy hibrid szövegszerkezetet hozva létre ezáltal. Lásd: Williams 1968.

Ez a folyamat (tulajdonképpen forgatókönyvtől forgatókönyvig) intermediális szempontból további érdekességgel is szolgál, ugyanis Williams, amikor a forgatókönyvből megírta a drámát, benne hagyta a forgatókönyv néhány alapvető technológiai jelölőjét – jelesül, a kamera pozícióját. A nézőpont bevésése és fixálása nem vonul végig minden jeleneten: olyan, mintha Williams megunta volna, hogy a drámai műfajtól eltérő módon folyamatosan irányítsa a néző-olvasó tekintetét, így néhány jelenettel később már fokozatosan elhagyja a kamera pozíciójának megjelölését. Mindazonáltal a drámai szöveg, melyből aztán később mégis elkészült a filmverzió, magában foglalja a film mediális törésvonalát, egyszersmind ontológiai, mediális feltételét. A *Baby Doll* címhez kapcsolódó szövegek tehát ellenállnak a hagyományos összehasonlító vizsgálatnak, hiszen egyértelműen a reprezentációs technika, illetve mechanizmus az, ami érdekes mediális kérdéseket vet fel. Másként fogalmazva a *Baby Doll* esete egészen világosan érvényteleníti a hűségkritika premisszáit, és mintegy imperatívuszként követeli meg az intermediális dialógusra irányuló interpretációs figyelmet.

Baby Doll Meighan egy vonzó, fiatal, szőke lány, aki azzal a feltétellel mehetett férjhez Archie Lee Meighanhez, hogy huszadik születésnapjáig megőrizheti szüzességét. A történet éppen ezen a napon mutatja be a furcsa kapcsolati háromszöget: Archie Lee ideges viselkedése már előre is vetíti bukását, és a házasság elhálásának elmaradását, hiszen apósával történt megegyezése szerint Baby Doll huszadik születésnapjára egy szépen berendezett házzal kell előrukkolnia ahhoz, hogy a házaspár végre megejthesse a nászéjszakát – a ház azonban jól láthatóan romokban áll. Archie Lee tragédiája, hogy a Szindikátus ültetvényének bevándorló tulajdonosa, Vacarro, elszipkázta gyapotmagtalanító üzletét, amiért Archie Lee bosszúból felgyújtja az üzemet. Vacarro az elejétől fogva Archie Lee-t gyanúsítja a bűntény elkövetésével, ezért megbízza némi munka elvégzésével, miközben ő közelebb férkőzik Baby Dollhoz. Közeledése a felszínen udvarlásnak, csábítási kísérletnek tetszik, ám valódi szándéka az, hogy Baby Dollból kiszedje az igazságot, egyfajta tanúvallomást biztosítva a gyújtogatás ügyéhez. Vacarro terve sikeres: megszerzi a vallomást, aminek következtében Archie Lee elbukik – vélhetően mind karrier, mind magánéleti szempontból.

A *Baby Doll* sok tekintetben inkább Kazan filmje mintsem Williams műve, hiszen a kezdetektől fogva Kazan erőltette a produkciót, míg Williamst kevéssé érdekelte a téma – azt leszámítva, hogy eredetileg ő is természetesen nagy jövőt szánt a történetnek. Ráadásul saját produkciós cégének, a Newtown Productions bevonásával több célja is volt a rendezőnek: egyrészt kisebb költségvetéssel akart dolgozni, ami indokolta az egyfelvonásos, eladdig nem túl ismert drámák bevonását és átírását egy Broadway-siker helyett; másrészt cége nem írta alá a PCA-val való együttműködést (túl kis produkciós cég volt ahhoz, hogy a PCA egyáltalán foglalkozzon az általa gyártott, nyilvánvalóan nem A-kategóriás filmekkel), és így nem csupán a végső vágáshoz való jog, de a ezzel együtt a forgalmazáshoz kiadott kópia is saját kezében maradt (Palmer és Bray 2009, 126). Kazan taktikája akkor is működött, amikor a Warner Brothers stúdióval megegyezett a *Baby Doll* gyártását illetően, hiszen a Warner tulajdonképpen úgy lépett bele a finanszírozásba, hogy nem tudott veszteni rajta – így szabad kezet adtak a rendezőnek (ibid.). R. Barton Palmer és William Robert Bray számos Williams-Kazan levelezésre hivatkozva egyenesen azt állítják, a film forgatókönyvének végső munkája egyáltalán nem is Williams műve, hiszen ő mindvégig vonakodva állt hozzá a filmtervhez, húzta az időt, Európában utazgatva csupán szövegtöredékekkel foglalkozott, amelyeket minden különösebb összefésülés nélkül küldözgetett el Kazannak – így Kazanra maradt a forgatókönyv végső revíziója is (127).

Minden nehézség ellenére a két egyfelvonásos darab és a hozzáírt szövegrészek jól működő szimbiózist alkotnak – érdekes módon a filmen keresztül több helyen is átjárás létesült az eredendően különböző történetek között. Az egyik ilyen intertextuális és intermediális átjáró, illetve dialógus abban a jelenetben található, amelyikben Archie Lee (Karl Malden) távozásra szólítja fel Aunt Rose-t (Mildred Dunnock): meglehetős hasonlóságot mutatva *A vágy villamosá*ban látható jelenettel, amelyben Stanley adja át „ajándékát" Blanche-nak – a buszjegyet, mellyel örökre kiléphetne Kowalskiék életéből. Aunt Rose érzelemdús válaszát követően Vaccaro (Eli Wallach) áll mellé, Archee Lee-t téve felelőssé, mondván, hogy Aunt Rose iránti haragja nem más, mint saját problémájának kivetítése ártatlan személyekre. Ebben a jelenetben tehát az egyik színműből érkező Vaccaro a másik színműből érkező Aunt Rose mellé áll egy olyan kérdésben és szituációban, amely csak és kizárólag az adaptáció intermediális dialógusában jöhetett létre (Philips 1980, 89-90).

Az adaptációban továbbá a karakterizáció, ezzel együtt a karakterek motivációja is megváltozott. A túlfűtött erotikát sugalló *Twenty-seven Wagons Full of Cotton* szituációit Williams és Kazan úgy vitte vászonra, hogy azt a PCA semmi esetre sem tudta volna kifogásolni: a dráma Vacarrójának szadista szexuális élvhajhász hajlama a filmben egy hideg, számító üzletember nyomozásává alakul, hiszen nem is annyira Baby Doll elcsábítása motiválja őt, hanem sokkal inkább az, hogy kiszedjen az ifjú hölgyből valami olyan információt, amellyel bizonyíthatja Archie Lee bűnösségét. Persze folyamatosan rájátszik arra, hogy Archie Lee féltékeny legyen, ám számára ez is csupán eszköz ahhoz, hogy a féltékeny férfit hibázásra, majd beismerő vallomásra bírja.

A film befejezése így szintén eltér az adaptációban résztvevő szövegek lezárásától az előzetes változtatásoknak megfelelő, logikus módon. A

Twenty-seven Wagons Full of Cotton azzal ér véget, hogy az olvasó úgy véli, Baby Doll kénytelen lesz alávetni magát Vacarro szadizmusának, az *Unsatisfactory Supper* pedig azzal, hogy Aunt Rose tökéletesen egyedül marad, elhagyatottan, mindenféle stabil társadalmi háttér nélkül: Phillips szerint minden kapaszkodóját „elfújta a szél" – egyben utalva ezzel a világhírű film címére és tematikájára is (92). A film ezt a két lezárást olvasztja össze a megfelelő diegetikus kontextusban: Vacarro mintegy úriemberként ajánl házvezetőnői állást Aunt Rose-nak, majd Baby Doll dönt úgy, hogy Vacarrót választja, és elhagyja a hisztérikus állapotban, ittasan, dühében lövöldöző Archie Lee-t, akit a sheriff aztán be is börtönöz. Kazan saját elmondása szerint több verzió is szóba jött a film befejezésével kapcsolatban, azonban Williams nem találta a megfelelő zárszót – később, levélben küldte el Kazannak azt a finálét, amely aztán a filmbe került (ibid.).

A film bevezető kampányát maga Kazan irányította, és nagyban rájátszott Williams hírnevére, valamint előző közös vállalkozásuk, *A vágy villamosa* sikerére is – a *Baby Doll*t egyenesen folytatásnak titulálta (Palmer és Bray 2009, 128). Jól látható azonban, hogy sem történet-, illetve cselekményszintű hasonlósággal, sem formai vagy stiláris közösséggel nem bírt az új film: bár *A vágy villamosa* is erősen támaszkodott az európai művészfilmes reprezentációs formákra, a *Baby Doll* esetében már a glamúr teljes hiányáról van szó, mindamellett, hogy a cselekmény maga kevés hangsúlyt kapott, és a karakterek az uralkodó hollywoodi hagyományoktól eltérően finoman szólva sem szimpatikusak. Palmer és Bray szerint ezért a *Baby Doll* abszolút eltér az összes többi Williams-adaptációtól, hiszen sem hangulatában, sem megvalósításában nem követi az addig jellemző trendet – de az utána következő számos adaptáció sem nyúl vissza az itt alkalmazott stratégiához (129).

A Kazan irányította kampány érdekessége, hogy a katolikus liga, illetve a cenzorok figyelmét nem is annyira a dráma, illetve a film szöveg- vagy cselekménybeli részei foglalták le (bár tudjuk, a gyártásba beleszólásuk kevéssé volt, legfeljebb a terjesztés részét kifogásolhatták, hiszen csupán ez kötődött a nagy stúdióhoz), hanem a Time Square-re beállított, éppen a karácsonyi bevásárlási időszakra időzített óriásplakát, amely a film címszerepét játszó Carroll Bakert jelenítette meg, amint ujját szopogatva, kihívó pózban és öltözékben a leendő nézőre szegezi tekintetét: mindezt pedig nagyjából egyharmad holdnyi területen, amely majdhogynem a Szabadság-szobor méreteinek felel meg (129-130). A kampány által sugallt transzgresszió, szexualitás, illetve tabudöntés természetesen elmaradt, hiszen a film korántsem olyan explicit vagy fülledt erotikával töltött, mint ahogyan azt Kazan a kampányával üzenni látszott – talán éppen ezért nem is sikerült megismételni *A vágy villamosa* sikerét, vagy megközelíteni azt a kritikai fogadtatást, amely a korábbi vállalkozást övezte. Kétségtelen azonban, hogy a megelőlegezett tiltás és negatív kritika jót tett a film népszerűségének. Kazan önéletrajzában egyenesen azt állítja, a New York-i Spellman bíboros, a St. Patrick's Cathedral szószékéről indított hadjárata a film ellen már önmagában olyan hírnevet kölcsönzött a produkciónak, amit valószínűleg megtervezni sem lehetett volna jobban (Kazan 1977, 563).

R. Barton Palmer és Williams Robert Bray szerint a *Baby Doll* helyszíne ismerős lehet *A vágy villamosa* előtörténetéből, hiszen Belle Reve, akár a DuBois család birtoka is lehetne, miután Blanche kifogyott a finanszírozáshoz szükséges pénztartalékokból, és elhagyta a klasszikus déli lakhelyet (Palmer és Bray 2009, 136). Ebben az értelemben véve a *Baby Doll* helyszíne önmagában a Dél egyre pusztuló és elszegényedő szimbólumaként is értelmezhető, ami által Williams és Kazan végleg lerombolja az ültetvény-mítoszt, amely eladdig jellemzője volt a térségnek – akár filmes, akár irodalmi példák tekintetében. A szerzők főként az utóbbi, tehát az irodalmi kötődésre hívják fel a figyelmet ezzel kapcsolatosan, hiszen Bosley Crowther meglátásain alapuló véleményük szerint egyértelműen kimutatható egy olyan intertextuális kapcsolat Erskine Caldwell *Tobacco Road* (1932) című regényével (illetve a regény Jack Kirkland által 1933-ban írt, hihetetlen sikert elért színpadi változatával), amely alapjaiban határozta meg a *Baby Doll* filmverziójának Dél-képét (134).

Crowther szerint a caldwelli karakterek – amelyekből erőteljes klisék formálódtak a színpadi adaptációban – egész generációk Délről alkotott elképzelését formálták, és az 1950-es években még igen élénken élt az amerikai kulturális köztudatban ahhoz, hogy rányomja bélyegét például a *Baby Doll*ra (Bosley Crowther in Palmer és Bray 2009, 135). Megfigyelhető például az a tematikai közösség is, ahogyan Caldwell és Williams szövegei bemutatják, miként süllyed a huszadik századi déli fölműves tradíció egyre mélyebbre – részben innen eredeztethető a *Baby Doll* „*white trash*" stílusa is Palmer és Bray szerint (134). A ház tehát egyszerre tekinthető a társadalmi kontextus és a szereplők metaforájának, hiszen Archie Lee elkeseredett küzdelme Baby Dollért szorosan összefügg a gazdasági környezetben kódolt sikertelenségével. Érdekes módon, míg a drámában, illetve a novellaelőzményekben sokkal inkább személyes konfliktusok mentén szerveződik a cselekmény, a film sokkal erőteljesebben épít – talán a caldwelli intertextuális kapcsolat révén – a kontextuális tényezőkre, és hangsúlyosabban jeleníti meg a helyszínt, sokkal konkrétabb, aktualizáltabb formában, ami Williams vonatkozásában kissé szokatlan, hiszen számára a helyszín, a topográfia nagyrészt a dráma cselekményének és a karakterek kapcsolati hálójának kiterjesztéseként, egyfajta jelentésgeneráló tényezőjeként jelenik meg.

A *Tobacco Road*dal való rokonságot tovább boncolgatva Palmer és Bray egyenesen azt állítják, a regény egészen konkrét, tetten érhető módon befolyásolta a *Twenty-seven Wagons Full of Cotton* filmre vitelét: a novella felnőtt, egyáltalán nem ártatlan Flora Meighanjét Kazan úgy változtatta át a Lolita-jellegű Baby Dollá, hogy Caldwell regényének egy vonatkozását egyszerűen átemelte. Amint azt Caldwell regényében olvashatjuk, a tizenkét esztendős Pearlt apja, Jeeter szomszédjukhoz, Lovhoz adja, néhány olcsóságért cserébe – a lány azonban folyamatosan elutasítja újdonsült párja szexuális közeledését, aki frusztrációjában enged Pearl nővére, Ellie May csábításának (138). Palmer és Bray feltételezik, hogy ezt a cselekményt, illetve a karakterek modelljét vette át Kazan a *Baby Doll* forgatókönyvének véglegesítésekor, hiszen a szexualitás ilymódon történő kezelése egyáltalán nem vall Williamsre. Bár kétségtelenül látható a hasonlóság a két cselekmény felépítésében, véleményem szerint Palmer és Bray átsiklik azon a tényen, hogy a film forgatókönyvének első verzióját, valamint a drámát nem Kazan készítette el, hanem Williams, és a filmben látható kapcsolatok, illetve viszonyrendszerek már ezekben a verziókban is jelen voltak. Ebből csupán azt a következtetést lehet levonni, hogy bár Caldwell intertextuálisan valóban releváns kapcsolatnak tűnik a film értelmezésekor – főként ha figyelembe vesszük azt, hogy regényének hatása érzékelhető volt a *Baby Doll* bármely verziójának keletkezésekor –, ám bármilyen intertextuális vagy intermediális kapcsolatot is jelentsen ez, az már a Williams-szövegekben jelen volt, akár a *Baby Doll*, akár az *Aranybogár* címet viselő színműváltozatokat nézzük (melyek közül az előbbi eleve filmes beállításokat is alkalmaz, ezért a forgatókönyv alapjául szolgált).

Amint az a *Baby Doll* adaptációjában résztvevő szövegek nyomon követéséből, és az intertextuális kapcsolatok, valamint az irodalmi és filmes kontextusok sorra vételéből kitűnik, a film furcsa, kísérteties módon már a hűségkritikai diskurzus nyelvezetével élve „forrásműként" feltüntetett dráma előtt megszületett: sőt azt is mondhatnánk, hogy ebben az esetben nem is annyira a film, mint inkább maga a drámai szöveg tekinthető adaptációnak. Egy ilyen példa előtérbe helyezi az intermediális dialógus jelentőségét és helyénvalóságát, hiszen a *Baby Doll* keletkezéstörténete nem más, mint mediális verziók sokaságának összefűzése – valójában azt sem jelenthetjük ki teljes bizonyossággal, hogy bármelyik megvalósulása eredetként vagy végpontként, illetve adaptációként kezelhető, aminek következtében az adaptációs stratégia viszonylatában leginkább a *mise-en-abîme* alakzatát lehetne strukturális párhuzamként emlegetni, amely ily módon a vizsgálat metodológiáját is szükségszerűen meghatározza. Ennek fényében a hűségkritika lineáris vagy éppen temporális hierarchiáján alapuló megközelítése már az adaptáció történeti vizsgálatánál megbukik bizonyossággal azonosítható eredet híján, vagy éppen azért, mert az adaptáció elsődleges az eredethez képest.

IV. 3. 2. ÜVEGFIGURÁK

A *Baby Doll*hoz hasonlóan az *Üvegfigurák* is tartalmaz mediális jelölést – tehát ebben az esetben is a *Múlt nyáron, hirtelen* elemzésében feltárt mechanizmus visszáját látjuk megnyilvánulni, igazi dialogikus szerkezetként: mielőtt azt kutatnánk, milyen mediális törés keletkezett az adaptáció révén elsősorban a filmben, fontos látni, hogy a dráma már eleve magában foglalja, és gyümölcsözően működteti a filmet mint reprezentációs mechanizmust. Williams a dráma előtti jegyzetek között külön részt szánt a vetítővászon alkalmazásának részletezésére. Míg Keir Elam meglátása alapján azt láthatjuk, hogy a drámát az előadás saját artikulációjában képes behatárolni, addig ezt a meglátást kibővítve Williams szövege és instrukciói alapján kimondhatjuk, hogy ehelyütt nem pusztán a színpadi performancia az, amely meghatározó erővel bír, hanem a leírtak alapján megelevenedő filmi instancia. Nem más, mint a mozi kerül beillesztésre – mi több, igen fontos strukturális erőpozícióba:

> *A dráma eredeti és színpadi változata között csak egyetlen lényeges különbség van*: az utóbbiból kimaradt az a technikai eljárás, amelyet az *eredeti* kéziratba kísérleti jelleggel belefoglaltam. Abban ugyanis olyan vásznat képzeltem el, amelyre laterna magicaszerűen képeket ábrázoló vagy címeket feltüntető diapozitívokat vetítenének. [...] a mostani Broadway-előadásból kimaradt ez a fogás. [...] Mindamellett azt gondolom: egyes olvasókat érdekelhet, milyennek képzeltem ezt az eljárást, ezért a kiadott szövegváltozatban helyet biztosítottam számára. Elgondolásom szerint a hátulról vetített képek és feliratok egy, az elülső szoba és az ebédlő közötti falrészen kapnának helyet, amely falrész, ha épp nincs használatban, nem különülhet el a többitől.
>
> Az elképzelés célja alkalmasint világos: arra törekedett, hogy minden jelenetben kiemeljen bizonyos valőröket. Minden jelenetben van egy

vagy több olyan pont, amely strukturális szempontból fontosabb a többinél. [...] A vásznon megjelenő felirat vagy kép minden bizonnyal erősebb hatáshoz segíti azt, ami az írásban csupán illúzió, és lehetővé teszi, hogy a kiemelésre szánt közlendő egyszerűbben és könnyebben érvényesüljön, mint abban az esetben, ha minden felelősség az elhangzó szövegen nyugszik. (Williams 2001, 8-9 – Kiemelés az eredetiben)

Az eredeti elgondolás tehát egy multimediális megvalósítást vázol fel, amelyet még a zenei megoldások egészítenek ki, hogy teljes legyen a speciális atmoszféra megteremtése, amely Williams meglátása szerint egy *Üvegfigurák*hoz hasonló darab esetén feltétlenül szükséges. Az is kivehető a leírásból, hogy Williams mintha a klasszikus némafilm formanyelvét idézné meg a színpadi alkalmazásban: a képek könnyebben érthető és befogadható kommunikációs csatornáját szöveges címekkel kiegészítve tulajdonképpen egy korai elbeszélőfilmet kapunk reprezentációs mechanizmus tekintetében, ami igen figyelemreméltó vállalkozás az 1940-es években. Azt is mondhatnánk, hogy tulajdonképpen ezt a filmi magot kell az adaptációnak kibontania, erre kell építenie akkor, ha a darabhoz hasonlóan meg akarja őrizni a technikai bravúrt, miközben az emlékjátékként (*memory play*) működő jelleget is kellő következetességgel kell megőriznie. Vagyis nem valósíthatja meg teljes mértékben a kinematikus utalásokból kibontakozó vizuális és írásos „egyszerűsítéseket" vagy magyarázatokat anélkül, hogy közben ne adaptálná a dráma sajátos atmoszféráját, non-realisztikus logikáját.

Az *Üvegfigurák* szövege tehát alapvetően filmes reprezentációs mechanizmust rejt, amely önmagában, technikailag is meginvitálja az intermediális dialogizmust. A filmi mag azonban úgy működik, ahogyan egy filmadaptációban elképzelhetetlen: ott ugyanis intradiegetikus szerepet töltene be az alapvetően teljesen más jellegű, mediális jelölő. Így egy olyan mediális törésről beszélhetünk, mint amelyet a *Múlt nyáron, hirtelen* kapcsán vizsgáltam a csontváz kísérteties jelenléte kapcsán: azonban ebben az esetben nem a film reprezentációs közegében találjuk ezt a törést, hanem az adaptáció elkészítésekor használt szövegben – ahogy említettem, mintha a szöveg kondicionálná saját filmes adaptációjának lehetőségeit.

Az *Üvegfigurák* Tom Wingfield dramatikus narrációja, illetve visszaemlékezése révén elevenedik meg, és tulajdonképpen az apa nélkül maradt Wingfield-család boldogulásra tett próbálkozásáról szól. Ennek egyik szálán Tom igyekszik megtalálni élete értelmét, és a cipőgyári munkát otthagyva megélni vágyait, míg a másik szálon húga, Laura, a sérült, magába zárkózó lány romantikus képzelgéseinek realizálása áll. A családfő már rég elhagyta családját, így az anyára, Amanda Wingfieldre maradt a két gyermek – közülük Tom a kenyérkereső, aki tehát egy cipőgyárban dolgozik, de minden vágya, hogy költő lehessen (innen a beceneve is: kollégái

Shakespeare-nek hívják); Laura pedig sérült lábával és furcsa, zárkózott, ám módfelett romantikus ábrándjaival menekül a zord valóság elől. Amanda, bár alapvetően gyakorlatias elme, aki igazi túlélő, gyakran mereng a régmúlton, amikor ő tipikus déli hölgyként élte világát egy szép és gondtalan jövő várományosaként – éppen ilyen életet szánna lányának is, hogy ha neki nem is sikerült valóra váltani álmait, legalább Laura boldog lehessen. Tom az unalom és a kilátástalanság elől rendszeresen a moziba menekül, miközben Amanda mindenáron kérőt szeretne keríteni Laurának – a lány pedig leginkább kis üvegfigurákból álló állatseregletével foglalkozik. Végül Tom Amanda nyomására megkéri egyik kollégáját, Jim O'Connort, jöjjön el hozzájuk vacsorázni. Laura felismeri Jimet, akibe középiskolában beleszeretett, ám a férfiról kiderül, hogy jegyben jár, és hamarosan megnősül. Mielőtt elmegy, táncol Laurával a gyertyafényben, és véletlenül leveri az asztalról az üveg unikornist, a legkülönlegesebb darabot az üvegfigurák közül, amely így – amint Laura mondja – éppen olyanná vált, mint a többi ló. A sikertelen párkerítést követően Amanda Tomot okolja, és moziba járó, csak önmagával törődő, önző lénynek titulálja – amint megtudjuk, Tom ezt követően, apjához hasonlóan, ott is hagyja a családját. A darab végén Tom elmondja, bármerre is jár a világban, bármit is csinál, mindig ott van vele Laura, akit képtelen elhagyni és elfeledni.

Az *Üvegfigurák* keletkezésének története meglehetősen kalandos, nem szokványos, és a *Baby Doll*hoz hasonlatosan alapjaiban lehetetlenít el mindenféle hűségkritikai megközelítést, hiszen egy olyan intertextuális és bonyolult intermediális dialógus eredménye, amelynek szálait szinte lehetetlen kibogozni. C. W. E. Bigsby szerint két novella, a *Portrait of a Girl in Glass* és a *Front Porch Girl* került feldolgozásra az *If You Breathe, It Breaks! or Portrait of a Girl in Glass* című színdarabban, amely az *Üvegfigurák* előzményeként készült (Bigsby 1997, 37). A kritikusok és irodalomtörténészek azonban megfeledkeznek egy olyan epizódról Williams életét és munkásságát illetően, amikor Hollywoodban a Metro-Goldwyn-Mayernek dolgozott forgatókönyvíróként: ugyanis éppen ebben a nem túl sikeres időszakban vetette papírra azt a forgatókönyv-kezdeményt, amely később nem is a film, hanem – ismét csak a *Baby Doll* ontogenezisét idézve – egy dráma, majd színházi előadás alapjául szolgált.[44] Az *Üvegfigurák* ugyanis nem csupán szokatlan mediális bátorságáról ismerszik meg, hanem arról a strukturális különlegességéről is, amely epizodikus szerkesztésmódjával sokkal inkább emlékeztet a klasszikus elbeszélőfilm formanyelvére, mintsem a színpadi vagy drámai reprezentáció sajátosságaira.

---

[44] Williams ezen korszakának magánéleti és munkakörülményeiről részletesen ír Ronald Hayman, aki a színfalak mögötti, stúdió működésével kapcsolatos hátteret is megmutatja, kiemelve az *Üvegfigurák* megírásához vezető fázisokat: Hayman 1993, 85-88.

Az eredeti forgatókönyv, a *The Gentleman Caller* történetében továbbá a *Portrait of a Girl in Glass* egyik alig észrevehető motívumát vélhetjük felfedezni, amire Cristian Réka M. hívja fel a figyelmet: a novella Laura-ja egy *Freckles* című regényt olvas, amelynek a története sok tekintetben hasonlít az *Üvegfigurák*éra,[45] így intermediális dialógus szempontjából igen komplikálttá válik a helyzet, ha a történet magvát próbáljuk lokalizálni.

Több sikertelen forgatókönyvírási kísérletét követően, melyek között olyan adaptációk voltak, mint például Marguerite Steen *Sun Is My Undoing* című regénye vagy a Lana Turnernek készült *Marriage Is a Private Affair* (rendezte: Robert Z. Leonard, 1944), Williams végül elkészítette a *The Gentleman Caller* címet viselő forgatókönyvet, amelyet a stúdió első körben visszautasított (Philips 1980, 43). Williams ekkor írta meg, a forgatókönyvből adaptálva, az *Üvegfigurák* címet viselő drámát, amelyet nem túl sok lelkesedéssel foltozgatott a Chicagói premierre, mégis olyan sikert hozott, hogy azonnal a Broadwayre került vele, és harmincöt évesen megkapta élete első kritikai elismerését is. Az MGM-mel kötött szerződésének lejárta után és a darab New York-i sikere láttán azonban hirtelen megnőtt a kereslet a visszadobott forgatókönyv iránt, amelyet végül nem a meglepő módon szorgalmasan licitáló MGM, hanem a Warner Brothers kaparintott meg – Williams legnagyobb sajnálatára.

A filmverziót a Warner Brothers először George Cukorra kívánta bízni, és a később Williams egyik kedvenc színésznőjévé váló Katherine Hepburn játszotta volna Laura szerepét,[46] míg férje, Spencer Tracy a férfi vendéget, ám később az egyébként irodalmi adaptációiról híres Irving Rapper ülhetett a rendezői székbe (az *Üvegfigurák* előtt sikeresen vitte filmre a *The Corn Is Green* (1945) és a *The Voice of the Turtle* (1947) című színműveket), és a szereposztást a stúdió vezetői vették kezükbe, bevételi szempontokat véve figyelembe. Erre a producerek szerint leginkább azért volt szükség, mert Williams nevét akkoriban a Broadwayn kívül nem sokan ismerték – filmes körökben még az MGM-nél eltöltött idő ellenére is nagyjából ismeretlen volt –, így húzóneveket kellett szerezni a filmhez a közönség számára (maga Jack Warner is élt vétójogával, amikor Rapper a mozi közönsége által nem igazán ismert, ám kiemelkedően tehetséges Tallulah Bankheadre kívánta osztani Amanda szerepét) (Philips 1980, 51). Később Rapper inkább az adaptációra, illetve a forgatókönyvre koncentrált (saját bevallása szerint azt filmezte, amit a forgatókönyvben leírtak neki, semmi mást), és a Williams-

---

[45] Cristian elemzésében arra mutat rá, hogy Gene Stratton-Porter regénye valójában a *The Portrait of a Girl in Glass* novellán keresztül az *Üvegfigurák* ősjelenetét tartalmazza, így sokkal inkább tekinthető a dráma irodalmi előzményének, mint bármelyik Williams-novella. Lásd: Cristian 2001, 59-60.
[46] Később, 1973-ban Hepburn végül az *Üvegfigurák* tévéjáték változatában játszotta el Amanda Wingfield szerepét – egy olyan adaptációban, amely Tennessee Williamsnek is jobban tetszett, mint a Rapper által rendezett film.

drámában meglévő filmes kifejezőeszközök átemelését szorgalmazta: Tom narrációját az epizódok összekapcsolásaként kívánta használni, valamint a fénnyel történő lezárásokat is igyekezett megvalósítani a leblende (*fade-out*) használatával (49-50).

A mozi tematikus szinten is megjelenik az *Üvegfigurák*ban, hiszen bármilyen problémával találja is magát szembe Tom, azonnal a moziba menekül, amely így valamiféle valóság elől történő megfutamodás helyszíneként, egy tökéletes imaginárius, elkülönített és védett térként funkcionál. George W. Crandell szerint annak ellenére, hogy meglehetősen hangsúlyos szerepet kapott a film a darabban, a kritikusok meglepően keveset foglalkoznak azzal, hogyan befolyásolta a filmi apparátus által közvetített domináns ideológia és reprezentációs mechanizmus Tom visszaemlékezéseit (Crandell 1998, 1). Ebben a tekintetben korántsem elhanyagolható tény, hogy Williams maga is több szálon kötődik a filmhez: egyrészt gyermekkorában, még St. Louisban Tomhoz hasonlóan ő is leginkább a filmszínház hűs, lesötétített termeibe menekült, másrészt később – mint azt láthattuk – rövid időre hivatásos forgatókönyvírónak is elszegődött az MGM-hez, harmadrészt pedig mindezek után drámáinak filmes adaptációi kapcsán gyakran került további közvetlen kapcsolatba a hollywoodi filmgyártással. George Brandt szerint talán ennek köszönhető, hogy Williams, minden amerikai drámaíróval ellentétben, hamar megtanulta a filmes kifejezésmódok szabadságát és technikáját a színházi reprezentációra alkalmazni, és tulajdonképpen ennek eredménye az *Üvegfigurák* is, amely Williams kétségtelenül legfilmszerűbb alkotása (Brandt 1967, 165).

Ennek ellenére fontos hangsúlyozni, hogy Williams bármennyire is filmesnek tetsző eszközökhöz nyúl az *Üvegfigurák* vagy akár az előzőekben tárgyalt *Baby Doll* megírásakor, reprezentációs mechanizmus és formanyelv tekintetében hiba lenne ezeket a színdarabokat filmes eszközökkel elemezni, vagyis egészen egyszerűen a filmes kifejezésmóddal azonosítani, és ennek megfelelően kezelni. Ebbe a hibába azonban többen is beleestek: Crandell például egyenesen odáig elmegy, hogy az *Üvegfigurák* színpadi narrátorának szerepét a kamera pozíciójával azonosítja, és a varratelmélet által leírt beállítás-ellenbeállítás folyamatot taglalja Tom tekintete és a jelenetek beállítása tükrében (Crandell 1998, 3). Tovább is megy, hiszen a varrat logikájának megfelelően a nézői azonosulás fázisait is megmutatja, amivel tulajdonképpen önnön érvélését teszi semmissé, mivel az argumentum alapjául szolgáló varratmechanizmus nagyban épít Christian Metz filmi azonosulásról valamint a színházi kontra filmi reprezentációs sajátosságokról szóló meglátásaira, melyekről a mediális különbségeket taglaló fejezetben szóltam. Az alapvető elméleti diszkrepancia miatt a Laura Mulvey által bevezetett férfitekintet és a patriarchális ideológia közvetítése a darabban eleve mellékvágányra viszi Crandell meglátásait, aki Barbara

Freedmanhoz[47] hasonlatosan, az ő kijelentéseire alapozva egyenlőségjelet tesz az alapjaiban különböző reprezentációs mechanizmusok és azonosulási folyamatok közé. Bármennyire is szimpatikus elméleti orientációnak tűnik a film színpadi jelenlétének és befolyásának vizsgálata, sajnos éppoly problematikussá válik, mint amennyire a dráma, illetve a színpadi technikák vizsgálata a film médiumában.

A Freedman nyomán érvelő Crandell alapvetően arra alapoz, hogy az *Üvegfigurák* egyetlen valódi szereplője a narrátor, vagyis Tom, hiszen minden, ami megjelenik a darabban vagy a színpadon nem más, mint a Tom fejében, fantáziájában megelevenedő cselekmény kivetülése – ha úgy tetszik, kivetítése, projekciója (Crandell 1998, 4). Ha Crandell logikáját folytatjuk, kétségtelen, hogy a projekció önmagában akár filmes technikaként is vizsgálható lehetne, hiszen a színpadon belül egyfajta duplán imaginárius tér képződne, amely Metz szerint a filmi reprezentáció sajátja. Ám ez egyáltalán nem képes felülírni a néző és a színpad közötti befogadási folyamatokat, a közönség és a játéktér relációjának szabályait. Ezen túlmenően az sem kifejezetten tartható álláspont, hogy mivel a narráció a filmben kapcsolódhat – és én hangsúlyoznám a feltételes módot annak ellenére is, hogy Crandell kijelentő módban tárgyalja a kérdést – a kamera tekintetéhez, Tom jelenléte a színpadon és narrátori tevékenysége egyértelműen filmes reprezentációt jelöl: ha a film oldaláról vizsgáljuk ugyanis ezt kérdést, akkor jól látható, hogy a narrátor szerepe megannyi funkciót betölthet egy klasszikus elbeszélési formában is – Rapper például intradiegetikus sőt, kifejezetten homodiegetikus hangként adaptálta. Ebből az is következik, hogy a narráció hozzáköthető Tom karakteréhez, tehát korántsem akuzmatikus, megfoghatatlan, illékony instanciaként működik – a tekintet birtokosa sem lehet, hiszen a diegetikus térben mozgó jelenlétként a nézés a feladata.

Minden intermediális előnye ellenére azonban az *Üvegfigurák* egyáltalán nem váltotta be a hozzá fűzött reményeket, és csupán azért nem beszélhetünk konkrétan bukásról, mert a producer Charles Feldman (aki később *A vágy villamosa* filmes jogait is megvásárolta) és a stúdió egyfajta presztízs-filmként kezelte a projektet, vagyis sokkal inkább számított, hogy minőségi alkotás készüljön, mintsem hogy rengeteg pénzt hozzon (Philips 1980, 64). Williams számtalanszor hangoztatta azonban, hogy élete legrosszabb filmadaptációja ez, aminek okát a számos apróbb változtatáson túl a film fináléjának átírásában azonosította. Az eredeti verziók – köztük a *The Gentleman Caller* című forgatókönyv és az *Üvegfigurák* dráma – Jim, a férfi

---

[47] Lásd: Freedman 1991, 68-69. Freedman itt arra hívja fel a színházzal foglalkozó elméletírók és kritikusok figyelmét, hogy a varrat mechanizmusa és a beállítás-ellenbeállítás formátuma új távlatokat és lehetőségeket nyithat a színpadi reprezentáció vizsgálatában.

vendég távozásával azt hangsúlyozzák, hogy Laura még inkább bezárkózik, és az üvegfigurák társaságában leli meg imaginárius kompániáját, melyet a saját szabályrendszere működtet, a külvilág zord realitásától különzártan – némileg leképezve, modellezve azt, ahogyan anyja, Amanda is saját, zárt világában él, a kitörés lehetősége nélkül. A film azonban, hasonlóan a többi Williams-adaptációhoz, pozitívabb tónusban végződik, hiszen a narrációból megtudjuk, hogy bár Jim nem jön többé, Richard, az új udvarló megtestesítheti Laura számára álmai lovagját, így minden rendben van: ismét egy erőltetett, minden motivációtól és előkészítéstől, diegetikus logikától mentes lezárás, amely valójában a mediális törés egyik szimptómája. Williams azért egyezett végül bele ebbe a változatba, mert a forgatókönyv, amely alapján Rapper dolgozott egy olyan lezárást jelentett volna, ahol Laura és Jim Mendelssohn esküvői indulójának aláfestésével keltek volna egybe – Williams perrel is fenyegette a stúdiót történetének ilyen mérvű, engedély nélküli megváltoztatásáért (61).

A film több helyen is igyekszik kinyitni a dráma zárt terét, és a visszaemlékezéseket, ahol csak lehet, képi inzertekkel, illetve egész jelenetekkel kiegészíteni, megvalósítani. Így került két olyan jelenet is a filmbe, amelyről a drámában csupán említés szintjén értesülhet az olvasó: az egyik jelenetben Laura rosszul lesz az üzleti iskolában a gépelés kattogása és gyorsasága miatt; a másik, szintén az iskolához kötődő adalék pedig az az esemény, amikor Amanda ellátogat az iskolába, ahol arról értesül, hogy Laura már nem jár oda. Ugyanilyen indokolt, és a diegetikus logika szerint is támogatott térbeli nyitás Tom gyári jelenete is, amikor a cipők dobozolásakor, főnöke által sürgetve kezdi elszállítani az összegyűlt dobozokat – ez a jelenet eredetileg egybefolyt azzal, amikor a néző először találkozhatott Jimmel: a producer Jerry Wald döntése volt, hogy Jim csak később kerüljön képbe, hogy a Laura fantáziájában megformálódó férfiideál ne aktualizálódjon idejekorán, megtartva így a lány boldogságának megfoghatatlanságát, a törékeny fantáziavilágot, amelyet a dráma is sugall (54).

Két másik jelenet azonban tökéletesen feleslegesen teszi próbára a diegetikus tér egységét, veszélyeztetve ezzel az emlékjáték-jellegét, a film strukturális egységét – ezzel persze előtérbe tolva a mediális törés szimptómáját is. Az egyik ilyen *flashback* Amanda ifjúságából való, és arra a drámában elhangzott mondatra vonatkozik, mely szerint Amanda egy nap tizenhét potenciális udvarlót is fogadott. Míg a drámában és Williams eredeti forgatókönyvében ez a megjegyzés nem konkrétumra utal, csupán Amanda helyzetét hivatott jelezni lányával való összehasonlításában, addig a film a szó szoros értelmében megmutatja a fiatal Amandát, amit déli hölgyként lejti a táncot udvarlóival.

Üvegfigurák – Amanda és a potenciális udvarlók serege

A másik, ugyancsak strukturálisan problémás jelenet is a tánchoz és a táncparketthez kapcsolódik: ezúttal azonban Jim viszi el Laurát a Paradise Dance Hallba (vagyis a Paradicsom Táncházba), ahonnan persze úgy térnek haza, hogy Laura már tudja, soha többé nem táncol Jimmel. Ez, a drámához és a *The Gentleman Caller* forgatókönyvéhez képest hozzáadott jelenet ugyan nem tudja a cselekmény menetét félrevinni, de jelenléte egy olyan románc ígéretét veti fel, amelyet sem az addigi történések, sem az azt követő cselekménysor nem indokol, nem támaszt alá – főként azért nem, mert ezt megelőzően a dráma cselekményével megegyezően otthon is táncolnak a gyertyafényben, és Jim leveri az asztalról az unikornist.

Üvegfigurák – a Paradicsom Táncház jelenete

Az intermediális dialógus, illetve a mediális törés kapcsán azonban úgy vélem, a két jelenet mégis kiemelkedő jelentőséggel bír a Williams-adaptációk tükrében. Egyrészt a tánc, a parkett és a cselekményekben foglalt traumatikus tartalmak például az *Üvegfigurák*at követő *A vágy villamosá*ban kiemelkedően fontos szerkezeti és vizuális egységet alkotnak: bár Kazan rendezésében a felidézett Moon Lake Casinóban és a mellette lévő tóparton játszódó jelenet csupán akuzmatikusan és verbálisan elevenedik meg, és a konkretizált, aktualizált képsort nem láthatja a néző (ebben csak kis szerepe volt a traumatikus tartalom cenzúrázásának – itt sokkal inkább az eredeti monológ megtartásáról volt szó). Másrészt a megvalósulatlan, heteroszexuális románc kivitelezhetetlensége és annak traumatikus háttere ismét egy privát helyszínről nyilvános helyszínre történő exportálásával valósul meg – ahogyan erre már *A vágy villamosa*, vagy a *Macska a forró bádogtetőn* esetében is rámutattam. Harmadrészt pedig a film készítői megjelenítették azt a déli hölgyideált, amely aztán Williams műveiben és azok adaptációiban központi szerepet kap: Amanda fiatalkori jelenete valójában az amerikai dél első williamsi képe, amely a moziban látható volt, és amely megelőlegezte például Blanche DuBois feltűnését is. A dialogizmus oldaláról tehát azt mondhatjuk ki, hogy Rapper rendezése bár belső logikáját tekintve rizikós beillesztésekkel és hozzáadott jelenetekkel dolgozik, mégis számos ponton előfutára a hasonló drámai színekkel operáló adaptációknak, így a korábbi elemzések fényében valójában első ízben alkalmazza a később adaptációs stratégiává váló technikákat.

IV. 4. A WILLIAMSI CSAVAR: DRÁMAI NARRATÍVA – *TAVASZ RÓMÁBAN*

Jelen tanulmányt annak szentelem, hogy a kritikusok és elméletírók által problémamentesnek vélt, ezért nagyjából érintetlenül hagyott adaptációs területet, dráma és film kapcsolatát elemezzem azért, hogy rámutassak a kérdést elhanyagoló, illetve ignoráló elmélet és kritika tévedéseire és metodológiai elégtelenségeire. Ebben az utolsó fejezetben Tennessee Williams munkái közül arról az egyetlen kisregényről lesz szó, amely végül a szerző legkedveltebb filmadaptációjává vált: arról a narratíváról, amelynek adaptációs stratégiája és intertextuális, illetve intermediális kapcsolatrendszere annak ellenére is sokban hasonlít az eddigi elemzésekben feltártakhoz, hogy nem dráma és film dialógusáról van szó. Mint azt bizonyítom, a mediális törés jelensége és az általa meginvitált és aktivizált intermediális dialógus nem csupán olyan nyilvánvalóan eltérő mediális és műfaji összevetés esetén biztosít interpretációs kiindulópontot, mint azt a dráma és film esetében bemutattam, hanem a tökéletes rokonságnak hitt narratív közegben is.[48]

Williams egyetlen kisregénye, a *Tavasz Rómában* (*The Roman Spring of Mrs. Stone*) a narrativitás közössége révén leginkább a novellák mellé sorolható, így adaptációs szempontból egyfajta „transzgresszió és norma átfedéseként"[49] értelmezhető az intermediális életműben, hiszen ezen kívül

---

[48] Ezzel elsősorban Albert Laffay azon meglátására utalok, amely szerint a film éppen olyan narratív szabályszerűségek mentén szerveződik, mint bármilyen irodalmi elbeszélés. Lásd: Cristian és Dragon 2008, 21. Laffay narrativitásról alkotott nézeteinek olvasatát lásd: Casetti 1998, 67-69. Hasonlóképpen vélekedik Keith Cohen is, aki Christian Metz munkásságára építve, a szemiotika oldaláról deklarálja a narratív közösség jelentőségét: Cohen 1979, 92.

[49] Slavoj Žižek használja ezt a kifejezést David Lynch kapcsán: amellett érvel, hogy

más narratíva közvetlen módon nem került megfilmesítésre. Így bizonyos értelemben véve akár a drámáktól, illetve a drámákból készült filmadaptációktól teljesen külön, más metodológia és megközelítés alapján történő elemzésre is okot adhatna. Más kérdés persze, hogy a José Quintero rendezte, 1961-ben készült adaptáció főszerepét az a Vivien Leigh játsza, aki *A vágy villamosa* révén már saját jogon is dramatikus Williams-markerként van jelen (Cristian 2007, 91-92), ráadásul a történet így a regényhez képest is jóval több áthallással, allúzióval szolgál ahhoz, hogy csak önnön jogán értelmezzük: szövevényes dialogikus kapcsolatrendszernek lehetünk tanúi, amelynek felfedése mégis indokolja a drámákkal és adaptációikkal való közösséget.

A *Tavasz Rómában* történetében Karen Stone, amerikai díva életének azon szakaszába pillanthatunk bele, amikor szinte kivétel nélkül olyan szerepeket játszik, amelyek korban jól láthatóan nem illenek hozzá (Júlia vagy Rozalinda), és amikorra már szinte csak gépiesen elfogadja a sikert, minden valódi ambíció nélkül, teljesen kiégve. Idős, ám nagyon gazdag üzletember férje utazás közben, a repülőgépen hal meg, így Mrs. Stone egyedül veti bele magát Róma forgatagába, amely leginkább a rideg élvhajhászat és a prostitúció helyszíneként jelenik meg – a film ezt a diegetikus tér már-már természetellenesen mesterséges mivoltával köríti (kőépületek között játszódó jelenetek, a zöld területek majdnem teljes hiánya). Nemsokára egy olasz *marchetta* (egy fiatal, fizetett partner) közeledését fogadja, aki később egy fiatal sztárocskára cseréli Mrs. Stone-t (nem utolsó sorban egy beígért filmes karrierért cserébe). Az idősödő amerikai színpadi sztár tovább sodródik (a sodródás – *the drift* – egyébként kulcsszava a regénynek), végül odaadja magát az őt folyamatosan követő, kissé rongyos, megtépázott fiatalembernek, feladva büszkeségét és dívai magasztosságát.

A cselekmény alapján azt is mondhatnánk, hogy Mrs. Stone vakációja funkcióját és kibontottságát tekintve valamilyen szinten összevethető Blanche DuBois történetének azon részével, amely Stanley kíváncsiságát felébreszti: az Allan halála és Blanche New Orleansba érkezése közötti homályos időszakkal. Más tekintetben persze mégiscsak eltérő karakterizációról van szó, amit a mindkét szerepet filmen megszemélyesítő Viven Leigh érzékeltet is: az életút párhuzamai ellenére Karen Stone soha nem válik azzá az álomvilágba menekült, meggyötört, sérülékeny nővé, mint

---

Lynch minden filmje valamiféle perverzió, illetve transzgresszió megjelenítése és kifejtése, éppen ebben rejlik a fősodorbéli elbeszélői és reprezentációs módoktól való távolsága, azonban az *A Straight Story – Igaz történet* (*The Straight Story*, 1999) című filmje egy tökéletesen átlagos, lineáris szerkesztésű hollywoodi produkció, melyet ráadásul a lynchi tematikától meglehetősen távol álló Walt Disney stúdió részére készített. Žižek szerint ez az etikai paradoxon jellemző a huszadik század végére. Žižek 2001, 142.

amit Blanche testesít meg. Azonban, ahogyan arra Cristian is rámutat, tematikailag és karakterizáció tekintetében Mrs. Stone sokkal inkább rokon Williams további drámai „díváival": tagadhatatlan párhuzam mutatkozik Alexandra del Lago (avagy Kosmonopolis Hercegnő) karakterével *Az ifjúság édes madara* című drámából, aki Chance Wayne Paoló-szerű figurájával utazik, vagy a *The Milk Train Doesn't Stop Here Anymore* és a hozzá szervesen kötődő novella, a *Man Bring This Up Road* Sissy Flora Goforth-jával, aki az özvegyek mellé a „halál angyalaként" ideiglenes társul szegődő, ifjú Chris Flanders segítségével igyekszik túllépni legutóbbi férje halálán (90). Jól látható, hogy tematikailag és szüzsé szempontjából a *Tavasz Rómában* tipikus williamsi mű, amely leginkább mediális különbözősége révén válik jelentőssé jelen elemzés keretében. Ennek megfelelően vizsgálatom fő irányvonala a dráma és film dialógusából eredeztethető adaptációs stratégia narratív kontextusban történő analíziseként, vagy akár próbájaként is felfogható.

Cristian szerint a szerzői pozíciót, illetve funkciót tekintve érdekes tudománytörténeti párhuzam, hogy a *Tavasz Rómában* című film éppen abban az időben került a nagyközönség elé, amikor Andrew Sarris felállította az amerikai filmgyártás nagy rendezőinek (vagyis alkotóinak, szerzőinek) listáját, azon neveket említve, akik szerinte méltán nevezhetők a francia Új Hullámtól kölcsönzött terminussal élve *auteur*nek (91). Sarris felfogása szerint *auteur* az a rendező, aki három kritériumnak megfelel (itt ő eleve egy limitált filmkészítői csoportot nevez meg lehetséges jelöltként, figyelmen kívül hagyva a filmkészítés kollaboratív jellegét, valamint társadalmi nem szempontjából is meglehetősen problematikus módon női filmkészítőket meg sem említve, amit Pauline Kael Sarris szemére is vet – lásd: Cristian és Dragon 2008, 69). Koncentrikus körökben vizualizálva az első, külső kör a technikai felkészültség, a szakmai tudás (Sarris 1992, 586) – ez a francia *politiques des auteurs*, Francois Truffaut-hoz kötődő meghatározása szerint a *metteur-en-scène*-nek felel meg. A következő, középre kerülő kör a rendező saját, megkülönböztethető stílusára, stílusjegyeire vonatkozik, amely alapján a közönség és a kritikus is egyaránt könnyen azonosíthatja az általa készített filmeket (ibid.). Mindez azonban Sarris olvasatában nem elegendő ahhoz, hogy egy rendező *auteur*ként szerepeljen az amerikai (értsd: hollywoodi) filmgyártás panteonjában: szükséges, hogy megfeleljen egy harmadik, kissé obskúrus módon definiált kritériumnak is. A legbelsőbb kör ugyanis a „belső jelentés" (ibid.), amely a rendező személyisége és a választott téma közötti feszültségből eredeztethető: valami olyasmi, amit Alexandre Astruc *mise-en-scène*-ként definiált, Truffaut pedig a rendező forgatás folyamán tanúsított vérmérsékleteként azonosított (587). Talán úgy lehet legérthetőbb módon megfogalmazni, hogy a rendező a filmkészítés folyamatának személyes garanciájaként foglalja egybe a folyamat egyes részeit, személyisége egyfajta filmkészítési gyakorlat garanciája. Talán érdekes megjegyezni, hogy a *Múlt nyáron, hirtelen* rendezőjét, Joseph L. Mankiewicz-et Sarris nem tartja *auteur*nek, sőt Otto Premingerrel és Douglas Sirkkel kontrasztba állítva arra hívja fel a figyelmet, hogy csupán *metteur-en-scène*-ként állja meg a helyét (586), mégis, a Tennessee Williams filmes *oeuvre* egyik legösszetettebb, legsokoldalúbb, úgy technikailag, mint narratológiailag és formailag legkiforrottabb adaptációja fűződik a nevéhez.

Cristian az *auteur* fogalmát tágabb értelemben használja, és más filmkészítőket is belefoglal – nem utolsó sorban figyelmet fordít a sztárrendszer, illetve maga a sztár státuszának szerzői erejére is. Sarrisból kiindulva, ám jóval részletesebb funkciókat felvázolva szükségesnek látja a film adaptációjának esetében a szerzőség fogalmának cizelláltabb, disszeminatáltabb megközelítését. Megközelítése ötvözi az irodalomelmélet néhány szerzőséggel kapcsolatos elgondolását (úgymint Wayne C. Booth, illetve Michel Foucault definícióit)[50] a filmelmélet *auteur* elméletével/elméleteivel, így nem pusztán intermediális, de interdiszciplináris oldalról is vizsgálja a kérdést Williams regénye és adaptációi kapcsán. Booth és Foucault fogalmainak (beleértett szerző, illetve szerzőfunkció) filmelméleti importjaként létrehozza a „beleértett *auteur*" és az „*auteur*funkció" terminusait, melyekkel az irodalmi művek értelmezésében használt pozíciókat filmes interpretációk esetén termékeny fogalmakkal képes pótolni, aminek különös jelentősége lehet adaptációk vizsgálata során.

A *Tavasz Rómában* példájához visszatérve, a film *auteur*funkcióját Cristian szerint nem a rendező Quintero, hanem furcsamód maga Williams látja el, ami úgy lehetséges, hogy a szerzőségre utaló jegyek nem a rendezői *oeuvre*-re utalnak, hanem Vivien Leigh közvetítése révén a Williams-adaptációkra, ezáltal egyenesen Williamsre (Cristian 2007, 94) mint intermediális szerzői személyességre. Ezzel az értelmezés egyértelműen visszautal *A vágy villamosá*nak filmtörténeti jelentőségére, valamint az azt követő, tipikusan a Williams-adaptációkra jellemző strukturális stratégiára. Cristian megközelítése jól láthatóan dialogikusan építkezik, így képes működtetni az irodalomelméleti és a filmelméleti, illetve filmkritikai diskurzusokból származó terminusokat az adaptációk vizsgálatakor. Vizsgálata a szerzői pozíció(k) tekintetében jelen kutatás szempontjából azért bír jelentőséggel, mert rámutat arra, miként vonható be a filmtörténeti kapcsolatrendszer adott szöveg adaptációjának (illetve adaptációinak) vizsgálatába. Ezen a

---

[50] Cristian 2007, 87. Wayne C. Booth a *The Rhetoric of Fiction* című könyvében vezeti be a beleértett szerző fogalmát, amellyel a szerző és a narrátor közötti instanciát jelöli, a szerző hivatalos textuális delegáltját, amely a szöveg ideológiájáért felel, és aláássa vagy éppen segíti a narrátor kijelentéstételeit, valamint egy azonosítható értékítéletet közvetít (Booth 1961, 71-76). Foucault szerzőfunkciója pedig egy a művekből kirajzolódó entitás, amely a visszatérő jegyekből formálódik (lásd: Foucault 1999, 119-146).

vonalon továbblépve, mint azt fentebb jeleztem, tanulmányom arra igyekszik rámutatni, hogy a williamsi dráma és film dialógusának adaptációs stratégiája miként érhető tetten narratíva-narratíva dialógusában, ami látszólag merőben eltér az eddigi értelmezési kerettől, visszautalva az elemzést a hagyományos filmadaptációs diskurzus körébe. Amint azt bizonyítani fogom, egyáltalán nincs szükség a diskurzív váltásra: azok az adaptációs technikák, amelyek dráma és film mediális töréséből építkeztek, a *Tavasz Rómában* esetében is működőképesek, és a klasszikus hollywoodi elbeszélés „láthatatlan" vágástechnikája mögött ehelyütt is jelen vannak.

A filmben a shakespear-i Rozalinda fiús jelmezében pillantjuk meg először Mrs. Stone-t, ami egyrészt Maurice Yacowar szerint a rendező személyes nosztalgiájára utal, hiszen Quintero életében először Shakespeare *Vízkereszt, vagy amit akartok*jának Violájaként, fiúkosztümben látta a színpadon Vivien Leigh-t (Yacowar 1977, 86); másrészt pedig utalhat Williams azon leírására, melyben a változókoron túliként karakterizálja Mrs. Stone-t, akinek nem kell tartania a gyermekáldástól, amivel Yacowar szerint egyfajta „aszexuális természetként" jelenik meg a regényben (ibid.). Hogy ez a kérdés mennyire releváns egy értelmezés szempontjából, arra talán az is kellő bizonyíték, hogy a regény címének eredetileg a *Moon of Pause* szójátékot szánta Williams, ami jól kivehetően a menopauza szót rejti: a kifejezést annak ellenére is megtaláljuk két helyen Williams szövegében, hogy végül a cím megváltozott (Williams 1999, 46; 51). Mindkét előfordulás egyértelműen olyan kontextusban található, amely arra utal, hogy Mrs. Stone már jó ideje nem érez szexuális vágyat, és minden szerelemhez hasonlatos érzéssel szemben immunissá vált, azonban éppen Róma elkötelezettségektől mentes, szabados, ám szenvtelen, rideg szexuális kisugárzása kezdi felébreszteni benne a vágyódást, amit tulajdonképpen ő maga sem ért.

A regényt Williams abban a reményben írta, hogy film készül belőle: ez Gene D. Phillips szerint a jelenetek szerkesztésmódjából, a ritmusból és a leírásokból is jól kivehető, arról nem is beszélve, hogy Williams Karen Stone szerepét egyértelműen Greta Garbonak szánta, aki nem sokkal korábban már visszautasította őt egy szerep kapcsán.[51] Paolo szerepe Williams római vakációja során formálódott, mégpedig egy fiatal római férfi alapján, aki Rafaello néven dolgozott, és aki Williams apartmanjában maradt a szerző római tartózkodásának túlnyomó részében – éppen abban az időszakban, amikor egy napilap „The Roman Spring of Tennessee Williams" címen interjút közölt a hirtelen sikeressé vált, harminchat éves amerikai drámaíróval (250). A szalagcím annyira megtetszett Williamsnek, hogy az akkor még *Moon of Pause* cím alatt készülő kisregényt azonnal

---

[51] Ez a forgatókönyv a *The Pink Bedroom* címet viselte, és nem sokkal *A vágy villamosa* váratlan sikere elől menekülő Williams római vakációjának kezdete előtt íródott 1948-ban. Lásd: Phillips 1980, 251.

átkeresztelte *The Roman Spring of Mrs. Stone*-ra.

A filmváltozat a hollywoodi *show-'n'-tell* módszert használva narrátorral támasztja alá a cselekményt, aki extradiegetikus, akuzmatikus hangként magyarázza Mrs. Stone belső rezdüléseit. A filmet nézve ez valamiképpen olyan hatást kelt, mint az esetenként szükségszerűen színpadias megjelenítési technika, mintha Tom Wingfield mesélné el a történetet, és mögötte a színpadon megelevenedne a cselekmény. Ennek megfelelően a római bevezető képek alatt a narrátortól többet megtudunk Mrs. Stone karakteréről, mint amit ő maga tud saját magáról: bizonytalansága, ami szakmai téren egyre inkább kiütközik, önismeretének hiányából fakad. A regény kulcsszavának számító „sodródás" szót is a narrátor erőlteti, már-már túlságosan is feltűnően hangsúlyozva a történet folyamán mind lelki, mind testi téren jelentőssé váló kifejezést.

Ami azonban egyértelmű utalásként értelmezhető egy korábbi adaptáció, a *Múlt nyáron, hirtelen* vizuális szerkesztésmódjára, az Paolo (Warren Beatty) megjelenése: a kamera folyamatosan úgy mozdul, olyan svenket mutat be, hogy a férfi arca nem válik láthatóvá, még akkor sem, amikor a Contessával (Lotte Lenya) társalog – épp úgy, ahogyan Mankiewicz oldotta meg azt, hogy Sebastian arca ne látszódjon. Paolo öltözéke, mozgása, gesztusai, testtartása mintha Dr. Cukrowicz-ot idéznék: ráadásul hasonlóképpen a *Múlt nyáron, hirtelen* szituációjához, ehelyütt is egy idősebb hölgyet kérdez ki egy fiatalabb, problémásabb „esetről" – esetről, hiszen Paolo számára Mrs. Stone a klientúra csupán egyik, bár kétségkívül fontos tagja. Mindezen meglátásokat csak erősíti a római jeleneteket bevezető képsor, amely bemutatja a férfi „kísérők" piacát, amely mintha Cabeza de Lobo olasz variációja lenne (talán nem véletlen az áthallás sem, ami a helyszínt illeti: Spanyol lépcső) a szegény, prédára leső fiatal férfiak sokaságával, akik testük áruba bocsátását remélik gazdag, külföldi férfiak és nők számára. Paolo megjelenése – visszautalva Cristian drámákra tett meglátására – ezen túlmenően több Williams-karaktert is idéz, akik hasonló szerepkörben és feladattal tűnnek fel: Chris Flanders a *The Milk Train Doesn't Stop Here Anymore*-ban (1963) például kifejezetten arra specializálódott, hogy özvegyeknek segítsen átvészelni a gyász időszakát, de ott van Chance Wayne *Az ifjúság édes madará*ban vagy maga Shannon *Az iguána éjszakájában* – mindannyian hasonló küldetéssel lépnek színre.[52]

Paolo filmbéli megjelenése, illetve a megjelenés vizuális kivitelezése azért

---

[52] További intermediális alapot szolgáltat az a tény, hogy az itt vizsgált Williams-adaptációkban kétszer is hasonló szerepkörben feltűnő Paul Newman és Vivien Leigh mellett Richard Burton is ugyancsak Williams-markerként funkcionál, ugyanis *Az iguána éjszakája* Shannonját követően Chris Flanderst is megformálta a *The Milk Train Doesn't Stop Here Anymore* adaptációjában, a *Boom!* (1968, r: Joseph Losey) című filmben.

tekinthető a mediális törésen keresztül megnyilvánuló intermediális dialógusnak, mert egyrészt a regényben ez a többperces jelenet csupán két leíró mondatnyi említésként található meg, másrészt pedig egyértelműen modellezi a filmtörténeti kronológia szerint ezt megelőző Williams-adaptáció vizuális megoldását: ebbéli minőségében összeköti az irodalmat a filmmel úgy interpretációs, mint mediális és történeti síkon is. Azonban ismételten azzal a rejtett dialogikus kapcsolattal van dolgunk, amelyre Stam hívja fel a figyelmünket Bahtyin meghatározásával kapcsolatosan: eszerint nem az explicit utalásokban, idézetekben, szimbolikában keresendő a dialogikus origó, hanem éppen abban, amit a megmutatás során ugyanezen aktussal elfed a reprezentáció. A jelenet folyamatosan mozgó kameraállása egyre inkább a nyitott ajtajú terasz felé irányítja a néző figyelmét, melynek kijáratát egy fehér fejszobor őrzi kivehetetlen tekintetével – éppen olyan rejtőzködő és megfoghatatlan nézőpontot hozva létre, mint a *Múlt nyáron hirtelen* csontváza, mely úgyszintén hangsúlyos helyet foglal el a diegézis vizuális terében, ám senki nem szentel számára figyelmet. Ezen túlmenően maga a fejszobor és a jelenet térbeli szerkesztése is tovább erősíti a két film vizuális rokonságát:

Tavasz Rómában – Paolo és a fejszobor

Múlt nyáron, hirtelen – a doktor és a fejszobor, valamint a csontváz

A képi szerkesztés térbeli folytonosságát figyelembe véve azonban a fehér szobor nem Paolo arcának tárgyi korrelátuma, sokkal inkább a topografikus keretet kívülről záró titokzatos férfié, aki mobil tekintetként, mint valami testetlen, megfoghatatlan kamera követi Mrs. Stone római útjait, ezáltal funkcióját tekintve nagyban hasonlít ahhoz, amilyen strukturális feladatot a *Múlt nyáron, hirtelen* adaptációjában megjelenő, különböző helyeken fel-feltűnő csontváza is ellát. A két jelenetben további közös pont, hogy a férfi és a női karakter első találkozásakor zajló cselekmény a férfiak részéről a szoba áttekintésének mozzanatát sem nélkülözi, jelesül: mindketten a kamerának hátat fordítva, egy-egy fejszobor mellett nézik át a fellelhető rekvizitumokat, egyfajta tárgyi korrelátumként kezelve őket, mely segíthet a továbbiakban a másik ki-, illetve megismerésében.

A *Tavasz Rómában* egészen explicit módon mutatja be már rögvest a bevezető képsorokban a szexuális (heteroszexuális és homoszexuális egyaránt) szolgáltatásban megállapodó feleket, majd teljesen természetesen kezeli a Contessa „partnerközvetítő" kufárkodásait is. Érdekes módon a hatvanas években még működő, bár befolyásából kétségtelenül sokat veszítő hollywoodi cenzúra egyetlen szóval sem kifogásolta a történet ezen aspektusát, azonban az olasz cenzorok megtiltották, hogy Rómát a prostitúció, a bűn és a romlás helyszíneként mutassák be, így nem engedélyezték a stáb belépését a városba. Így a belső jelenetekkel kezdték a filmet forgatni egy londoni stúdióban, és csak később, a producer Louis De Rochemen az olasz cenzorok felé történő folyamatos próbálkozásait követően sikerült kétnapnyi lehetőséget kicsikarniuk a külső jelenetekhez (Philips 1980, 260). Ebbe azonban nem tartozott bele a Spanyol lépcsőre néző ház használati joga, ami jelentősen megnehezítette a munkálatokat, így kénytelenek voltak a Lev Kulesov filmes kísérleteiből ismertté vált „kreatív földrajz" módszerét alkalmazni: bár folyamatos jeleneteket nem tudtak felvenni Róma utcáin, apróbb szekvenciákból állították össze a filmben látható diegetikus Rómát, így azt a jelenetet is, amikor Vivien Leigh lenéz teraszáról a térre, ahol az őt követő férfiével találkozik a tekintete.[53]

A PCA tehát nem emelt kifogást a film témája és a téma megvalósítása ellen, ami annak tükrében igazán meglepő, hogy az egy évvel később megjelent *Az ifjúság édes madara* adaptációjába keményen beleszóltak, és ez sok tekintetben megkötötte Richard Brooks kezét. A nézők azonban ennek ellenére sem fogadták kitörő lelkesedéssel a regény adaptációját: a pénzért vásárolt szexuális szolgáltatások ilyen típusú bemutatása a női menopauza szintén tabuként kezelt kérdésével keveredve túlságosan sok volt számukra, így Quintero munkája egészen 1969-ig, amikor televízióban is bemutatták a filmet, tulajdonképpen elhanyagolható nézőszámot és kritikai visszhangot generált (Philips 1980, 266). Pauline Kael viszont, éppen a nézői

---

[53] Kulesov kreatív földrajzáról és más filmformai kifejezőeszköztárat érintő kísérletéről lásd: Hayward 2000, 338-339.

vélekedésekkel ellenkezőleg, azt kifogásolta, hogy a film túlságosan is „kerülgeti a kását", hiszen „bárki, aki valaha látta már a középkorú és idős nőket az Arthur Murray táncórákon, tudja, hogy nem kell Rómába menni egy kis sodródásért" (ibid.). Ahogyan Phillips megjegyzi, Kael epés kritikája éppenséggel sem a korszak nézőjét, sem Karen Stone a filmben – és a regényben – megjelenő személyiségét és annak változását nem veszi figyelembe, így teljesen kontextuson kívül bírálja az alkotókat (ibid.). Az egészen 1968-ig működő PCA előírásait ismerve csak egyetérteni lehet Phillipsszel, hiszen a filmadaptáció meglepő nyíltsággal kezeli a kényes kérdéseket – tulajdonképpen az eddig megismert elfedési mechanizmusokat nagyjából nélkülözi is: nincs olyan párbeszéd, amelyből részeket (problémásnak ítélt vagy vélt szavakat, illetve mondatokat) vágtak volna ki, és jelenetek sem hiányoznak.

A filmkészítők inkább hozzáadtak, mint elvettek: a fenti jeleneteken túl néhány kulcsjelenetet vagy részletesen megkomponáltak, vagy egyszerűen beleírtak a történetbe a karakterek motivációinak nyilvánvalóvá tétele vagy igazolása miatt. Az egyik ilyen jelenet ismételten értékelhető, illetve értelmezhető vizuális utalásként a *Múlt nyáron, hirtelen* diegetikus terére, hiszen Paolo úgy igyekszik elcsábítani a megközelíthetetlennek tűnő Mrs. Stone-t, hogy kifigyeli mindennapi tevékenységét, így egy adandó alkalommal, mintegy véletlen találkozást imitálva, megjelenik éppen abban a buja növényzetű parkban, ahol a nő lovaglása közben egy kúthoz téved. A jelenet kompozíciója nagyban hasonlít arra, amikor Dr. Cukrowicz ismerkedik Mrs. Venable-lel a ház dzsungelszerű kertjében, ahol éppen egy kút mellett beszélgetnek – Paolo és a doktor vizuális hasonlóságát már említettem, azonban meg kell említeni a Mrs. Stone és Mrs. Venable közötti testtartás, gesztikulációs és öltözékbeli hasonlóságot is. Mindketten arisztokratikusnak tetsző, leereszkedéssel teli távolságtartással viseltetnek a férfiak felé, akik viszont valamilyen módon a kegyeiket keresik, ráadásul eleinte mindketten pénzt remélnek tőlük.

Tavasz Rómában – Paolo és Mrs. Stone találkozása a parkban; szobor a háttérben

Múlt nyáron, hirtelen – Dr. Cukrowicz és Mrs. Venable első találkozása; szobrok a háttérben

A férfiszereplők megjelenése, illetve diegetikus térben elfoglalt pozíciója is hasonló: minden egyes statikus képben megjelenik a környezetükben egy szobor, amelynek testtartása megegyezik a karakter testtartásával – jellemző módon a szobor vagy tükrözi a férfi testtartását, vagy a háta mögött elhelyezkedve duplikálja azt. A párbeszéd mindkét esetben zárt tér felé mozog a térben, vagyis a kezdeti nyitott totálképek egyre inkább helyet adnak a kistotálnak majd az arcközeliknek, amit térbeli folytonossággal támasztanak alá: a *Tavasz Rómában* jelenete a parkban lévő kis pihenőhely által keretezett diegetikus térben zárul, míg a *Múlt nyáron, hirtelen* egy tökéletesen hasonló építményen keresztül haladva végül Sebastian stúdiójába vezeti a szereplőket.

A tárgyi korrelátumok a díszletezésben fontos helyeken jelennek meg, így metonimikus relációban, a felidézett traumatikus tartalmak révén, *objet petit a*-ként funkcionálnak, ezáltal alkalmassá válnak strukturálisan a tekintet illékony helyét szimbolikusan meg-*jelen*-íteni a képernyőn/vásznon. Ebbéli szerepükben tehát a csontváz kísérteties, fantomogén jelenlétének megfeleltethető módon a fejszobrok és az alkóvokban megbúvó szobortestek is hasonló diegetikus funkcióval bírnak – főképpen úgy, hogy a film a helyszín, Róma ürügyén tobzódik a műalkotások felvonultatásában. Mindez azonban úgy történik, hogy a párbeszédekből kibontakozó traumatikus tartalmak hozzácsatolódnak egy-egy szoborhoz, amelyek így a trauma vizuális, szimptomatikus konverzióivá válnak, így megjelenésükkel magukkal hozzák az adott tartalmat is.

Egy ilyen folyamatot láthatunk akkor, amikor a Mrs. Stone római rezidenciájának teraszán, az alkóvban megbúvó szobor szerepét vizsgáljuk. Először akkor tűnik fel a szobor, amikor Mrs. Stone egykori barátnője, Meg Bishop (Coral Browne) jön hozzá látogatóba. Meg komoly beszélgetésre készül rég nem látott barátnőjével, ám Mrs. Stone mindenáron kerülni szeretné a múlttal való szembesülést, ezért partit szervez a Meggel való találkozó időpontjára. Meg azonban nem hagyja magát, és a teraszra rángatja ki barátnőjét, hogy zavartalanul beszélgethessenek arról, pontosan mi késztette Mrs. Stone-t karrierje feladására. A szobor a két karakter között valójában a csontváz pozíciójának megfelelően szervezi a láthatót, a diegetikus teret, és így a jelenet során felidézett traumatikus tartalom keretezőjeként valamint hírnökeként jelenik meg a továbbiakban.

A jelenet így azokra a williamsi jelenetekre hasonlít, amelyekben az egyik karakter traumájának feltárása a külső szemlélő (illetve a filmes tekintet) számára publikussá válva egy erkélyen/verandán/teraszon, korláttal elválasztott kvázi-színpadon zajlik, melynek vizuális szervező pontja az erkélyen túli térben keresendő. A *Tavasz Rómában* ezen feltáró jellegű jelenetét az a csavargó fiatalember láttatja, aki kísértetként, névtelenül, titokzatosan, ismeretlen motivációból kifolyólag követi Mrs. Stone-t. A partit követő képsorokban a csalódott, kimerült Mrs. Stone-t látjuk, amint szemrevételezi a vendégei által hagyott rendetlenséget – ezúttal az asztalon jelenik meg egy kis fejszobor. Valójában nincs olyan jelenet, amely Mrs. Stone rezidenciáján játszódna, és ne jelenne meg valamilyen kísérteties, valójában oda nem illő, látószerv nélküli fejszobor, hasonlatosan a *Múlt nyáron, hirtelen* koncepciójához, ahol a Mrs. Venable házát övező mesterséges dzsungel tele van rejtőzködő szobrokkal a csontvázon túl is.

Tavasz Rómában – Mrs. Stone partija

A *Tavasz Rómában* egy másik, korban hozzá közelebb álló adaptációval is feltűnő rokonságot mutat, ami az adaptációs stratégiát illeti: John Huston *Az iguána éjszakája* megvalósításakor éppen úgy készít prológust a filmhez, ahogyan Quintero is. A prológus mindkét esetben megelőzi a feliratokat, és az utazásokat kiváltó közvetlen tényezőket mutatják be: *Az iguána éjszakája* azt az ateista prédikációt mutatja meg, amelyet a drámában csupán említenek, ám mégis ez az a momentum, amely Shannon kiközösítéséhez, majd túravezetői tevékenységéhez vezet; a *Tavasz Rómában* pedig azt a Shakespeare-előadást mutatja meg, amelyben Mrs. Stone immáron teljesen nyilvánvalóan nem a korának megfelelő szerepben próbálja legyőzni saját öregedését. A kudarctól rettegve végül lemond a szerepről, és Rómába utazik, menekülve a sajtó és a pletyka elől.

A másik jelenet a film végéhez, Mrs. Stone és Paolo szakításához kötődik, amikor vendégeknek vetítik le a nő római lakásában az egyiptomi nyaralásukról készült filmjüket. A vetítés során hollywoodi romantikus filmekbe illő képsorokat láthatunk, amelyek között azonban ismét fellelhetőek egyértelmű utalások a *Múlt nyáron, hirtelen* képeire. Az egyik ilyen felvétel Paolót mutatja a tengerparton, deréktól lefelé, amint úszni indul (vélhetőleg Mrs. Stone készítette) – Catherine *flashback* szekvenciájában szerepelt ugyanez a képkivágás, amelyen Sebastian látható.

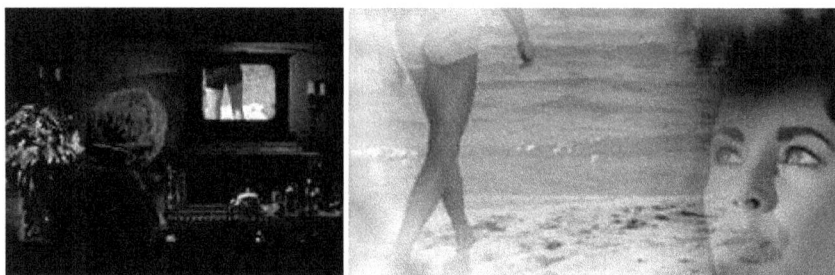

Balra Paolo a *Tavasz Rómában* vetítővásznán; jobbra a *Múlt nyáron, hirtelen* strandjelenete

A következő képsorokon Paolo az alkóvban lévő szobrot ölelgeti, majd ezt követően szalad Mrs. Stone-hoz, immáron Rómában, a teraszon, ám ölelkezésük során nem is annyira egymásra koncentrálnak, mint a szobor elé helyezett kamerára, románcuk ennél fogva nem kifejezetten egymásnak, sokkal inkább a jelenetet vezérlő tekintetnek szól. Ez a szerkesztésmód arra hívja fel a figyelmet, hogy a narratíva előtérbe helyezett cselekményszála, Mrs. Stone és Paolo szerelme, csupán fedőtörténet. Visszatekintve a Williams-adaptációkra, talán nem túlzás azt állítani, hogy az *oeuvre* tekintetében is kulcsjelenetről van itt szó, hiszen a feltárt adaptációs stratégiákra és reprezentációs mechanizmusokra reflektáló metatextust azonosíthatjuk ebben a képsorban, amely megmutatja a filmverziókban sokszor erőszakosan összekovácsolt heteroszexuális románcok műviségét, hiteltelenségét, hamisságát.

Tavasz Rómában – a vetítés és az azt követő képsorok

Ennél a résznél a regény szövege teljességgel Mrs. Stone belső világára mint valami elszigetelt, burokban lévő belső monológra koncentrál, amit Williams azzal erősít meg, hogy a külső zajokat (például a Contessa kezéből kieső, majd a padlón összetörő pohár csörömpölését) (Williams 1999, 113) teljesen elnémítja. A film azonban szinte tobzódik abban a metatextuális lehetőségben, hogy a jelenet vetítés közben zajlik, így a diegetikus projekció keretezi a film projekcióját: a kapcsolat felbomlása egybeesik a filmszalag kifutásával is, azzal a pillanattal, amikor Mrs. Stone szembesül saját korával és lehetőségeivel, vagyis a vetítés egyfajta önreflexív mozzanatként is értelmezhető ebben a tekintetben. A filmbéli jelenet korántsincs elnémítva, minthogy Mrs. Stone a Paolóval való vitát követően mindenkit kizavar lakásából, majd a vetítőből áradó villogó fény tükröződésében rogy le a földre – mintha csak egy film keletkezését látná a néző.

Furcsa anamorfózisnak lehetünk tanúi akkor is, amikor Mrs. Stone, kényelmetlenül érezve magát Paolo Miss Binghammel való enyelgésse miatt, feláll és kivonul a vetítésről a teraszra, hogy kérdőre vonja szeretőjét: ekkor a *Múlt nyáron, hirtelen*ben látott, Catherine arca mellé projektált *flashback* megoldásnak vizuálisan megfeleltethető szerkesztéssel Mrs. Stone arca mellett saját, vetített filmbéli arca jelenik meg – ám a két arc érzelmi beállítottsága élesen elüt egymástól. A vetítés így még egy aspektusával járul hozzá a metatextuális gesztushoz, hiszen a néző és a látott itt egy furcsa *interfész*ben találja magát – akár abban az értelemben is, amelyben Slavoj Žižek beszél a varrat rövidzárlatáról, amikor egyfajta spektrális dimenzió jön létre a beállítás-ellenbeállítás folytonosságának egy beállításba történő sűrítésével (Žižek 2001, 39-40).

Tavasz Rómában – Mrs. Stone interfésze

De vajon mi okozza ebben a jelenetben az interfész alapvetően *unheimlich* természetén túl a még inkább nyugtalanító, kísérteties hatást? A nyilvánvaló varrat-rövidzárlaton túl itt nem csupán két beállítás, hanem látszólag két tér is összemosódik, vagy még inkább, keresztezi egymás koordinátáit. A projektált képek azt a teret mutatják meg, amelybe zárva Mrs. Stone és Paolo boldognak mutatott napjait látjuk – ezek egyik helyszíne a terasz, ahol a vetítés alatt Paolo éppen egy másik, fiatalabb színésznővel játsza el ugyanazon jeleneteket. Mrs. Stone, amikor megelégelve megalázó helyzetét feláll, és átsétál a szoba terén a projekció origójához, hogy ott átlépjen a terasz terébe, tulajdonképpen a jelenet térszerkezetét töri meg, egyfajta akaratlagos transzgressziót hajtva végre, melynek nem lehet más a vége, mint a két tér radikális összeomlása: csak úgy jöhet vissza a teraszról, és csak úgy élheti tovább életét, ha a film projekciója véget ér, ami egyben a *Tavasz Rómában* addigi cselekményét is törli. Úgy is értelmezhető ez a vetítés ebben a tekintetben, mintha a *Tavasz Rómában* című film a vetítés pillanatáig egyfajta elnyújtott *flashback* lenne.

A projektált képsorok egy Képzetes teret hoznak létre, melyet a jelenvaló illetőleg a valóság Szimbolikus tere keretez. Mrs. Stone azzal, hogy kimegy a teraszra, ráadásul a kamera fénynyalábjától övezve teszi ezt, valójában az Imaginárius és a Szimbolikus rendek határvonalát hágja át: éppen azon a ponton, a terasz ajtajánál, ahol előbb az enigmatikus fejszobor, most pedig a két tér összefogását végző kamera áll. Ebből az következik, hogy a kamera a Képzetes (projektált) és a Szimbolikus (valóság/os) tér közé beékelődő hírnök, lacani értelemben véve a Valós betüremkedése – a mediális törés maga, amelyben a kamera tekintete felülírja a regény narrációjának szervező erejét is az adaptáció stratégiájában. Mrs. Stone egyetlen esélye a helyzet (és római kalandja) túlélésére – és valójában élete folytatására is – az, ha szembesülve projektált képével, a kamera tekintete által elfogadja önnön szerepét, önnön életkorát, és szimbolikus pozícióját, és tulajdonképpen, képletesen szólva, „belép" saját filmjébe. Ezt látszik alátámasztani a levetíteni való film híján a vetítőből kiömlő, a vászonról visszaverődő fényben összerogyó, majd magát összeszedve felálló színésznő cselekvése is: elfogadja a szimbolikus tranzakció szabályait és az eddig a látómezőn kívül azonosított, kísérteties fiatal férfit felinvitálja az erkélyről, így voltaképpen újrajátszva a projektált jeleneteket, immáron azonban saját irányításával, minthogy ő kapcsolja le a kamerát, ő határoz a történet további menetét illetően. Így nem csupán eljátssza a film-a-filmben szerepét, hanem eggyé is válik a szereppel.

Az önreflexív, metatextuális megjelenítési és interpretációs mód már csak azért is indokolt, mert a jelenet térbeli szerkezete tükrözést hajt végre a filmvetítő elhelyezésével: a kisfilmben a szobor imaginárius helyét foglalja el az ölelkezést megörökítő kamera, majd a lakásban történő projekció éppen abból a pozícióból történik, amelyet a teraszkijáratot őrző fejszobor helyeként ismertünk meg. Akkor a tekintet letéteményeseként azonosítottam a szobrot, párhuzamot vonva a *Múlt nyáron, hirtelen* képsoraival, amelyek hasonló megvalósítást mutattak a Képzetes pontok feltérképezésében, amelyek meghatározták a filmverzió értelmezését is. A *Tavasz Rómában* a kamera konkrét beiktatásával egészen egyértelművé teszi, hogy a fejszobor helye és strukturális funkciója – valamint a korábban már említett szobrok jelentősége ebből a szempontból – a Képzetes-Szimbolikus struktúrában a tekintet pozíciójának *objet petit a*-ként történő jelölése.

A regénybe illesztett film nem bír reprezentációs technikai jelleggel, tehát a vetítő megjelenése és használata nem hoz létre olyan jellegű mediális törést, mint amilyet Williams például az *Üvegfigurák* esetében színpadképileg elképzelt. Mégis, a filmadaptáció kihasználja a film tematikus megjelenését, és metatextuális eszközzé avanzsálja az epizódot, amellyel felhívja a figyelmet a regénybeli szerepére is – ezzel is erősítve az intermediális dialógus azon aspektusát, amelyet Williams a regény szövegének forgatókönyvszerű szerkesztési módjával már meginvitált. A projektor használata tehát az adaptációban egyfajta metareprezentációs eszközt sejtet, amely a filmre magára médiumként utal, megtörve ezzel a láthatatlan vágás technikáját és feltárva önnön mediális törésének forrását, megnyitva ezzel a dialogikus lehetőségeket. Olyan ez, mintha csak André Bazin azon meglátása elevenedne meg az adaptációban, amely a francia kritikus véleménye szerint a tökéletes adaptáció ismérve: Robert Bresson *Egy falusi plébános naplója* (*Journal d'un curé de campagne*, 1951) kapcsán jegyzi meg, hogy

> Baudelaire szerint a „színház a csillár". Ha ezzel a ragyogó, kristályos, sokágú és körben futó, mesterséges alkotmánnyal, mely sugárzó körben világít, s amelynek fénye rabul ejti a nézőt, egy másik szimbólumot kellene szembehelyeznünk, akkor azt mondanánk, hogy a film a jegyszedőnő kis lámpájának fényéhez hasonlít, mely a vásznat körülvevő, tér és határ nélküli terjengős pályán bizonytalan

üstökösként fut át ébren álmodott álmaink éjszakáján. (Bazin 1995, 129)

Bazin ezen meglehetősen költői leírása arra utal, hogy Bresson nem lefordította, hanem átszerkesztette, átvilágította Georges Bernanos eredeti regényét, így egy sajátos, csak a filmre jellemző kifejezésformába ültette át az irodalmi szöveget úgy, hogy az adaptáció megőrizte a regény különlegességét. Bár Bazin nem beszél a dialogizmusról, szavai mégis valamiféle különleges párbeszédre utalnak a két médium között, melynek eredményeként a két szöveg egymással szoros és szétválaszthatatlan kapcsolatban működteti az értelmezési tartományt.

A *Tavasz Rómában* is hasonlóképpen működik adaptációs szempontból: Quintero oly módon világítja át Williams regényét, hogy majdnem minden ponton sikerül elkerülnie a nemkívánatos fordítás-jelleget: egyedül a narrátor hangalámondása tűnik esetlen és teljességgel felesleges, biztosíték gyanánt beillesztett, ám műfaj- és stílusidegen adaléknak, mely a regényben szükségszerűség, a filmben azonban irritáló *show-'n'-tell* fogás. Ezen túlmenően azonban a film képes önrelfexív metatextusként működni, kibontani vagy rávilágítani a regény azon aspektusaira, amelyekkel kapcsolatosan később maga Williams is elismerte, hogy elhibázottan, szerencsétlenül szerkesztve kerültek a szövegbe (Philips 1980, 258).

Mint az a *Tavasz Rómában* textuális és filmes példáiból kitűnik, egy adaptációs vizsgálat fókusza nem korlátozódhat a narratív aspektus elemzésére, hiszen a szűk keret kizárja azokat a dialogikus (direkt vagy indirekt, explicit vagy kifejezetten rejtett) utalásokat, amelyek mentén a regény és a film egymás értelmezési tartományaiként a Williams-művek és a filmtörténet kontextusában párbeszédet tudnak kialakítani egymással. Quintero filmje többek között a regény éppen azon aspektusát aknázza ki és arra építi intermediális dialógusát, mely az elbeszélésben csupán a háttérben, jelzés értékűen szerepel: egy egyszerű leírásból a film katartikus jelenete kerekedik, amely strukturálisan keretezi és alátámasztja a film további, Williams-adaptációkat implicit módon idéző megoldásait. Ez az adaptáció azt bizonyítja, hogy egy szimpla regény-film transzfer soha nem csupán fordítás vagy színrevitel kérdése: sokkal inkább egy bonyolult és szertágazó intertextuális és intermediális dialogikus kapcsolatrendszer aktualizálása, így a filmadaptációra irányuló vizsgálatának is erre a dialogikus aspektusra kell koncentrálnia az önmagában nem túl releváns narratív közösség bizonyítása helyett.

V. ÖSSZEFOGLALÁS

Egy furcsa, kísérteties jelenségből indultam ki tanulmányom elején, melyet egy adaptációelméleti trópus demetaforizációjaként értelmeztem. A csontváz, amely a *Múlt nyáron, hirtelen* című Tennessee Williams-filmadaptációban jelenik meg, így jelentős implikációkkal bír mind az adaptációelmélet, mind pedig az összehasonlító elemzés gyakorlatának vetületében. Gyakorlati célom az volt, hogy bebizonyítsam, hogy a vizsgált szövegek (dráma és film) kapcsolata a mediális törés következtében nem elemezhető a hagyományosan elképzelt „forrásszöveg és átdolgozása" reláció időbeli aszimmetriájában, csakis szimultán jelenlévőkként, az adaptáció áthágási aktusaként körvonalazódó intermediális térben. Ez az intermediális tér indítja be a két szöveg dialógusát, mely felfedheti az adaptáció mechanizmusát, és alapul szolgál adott szövegek, illetve szövegrészek konkrét értelmezéséhez. Tulajdonképpen az áthágás során kialakuló intermediális (és intertextuális) feszültség táplálja azt a dialógust, melynek meghatározása, illetve feltérképezése volt elméleti célom. A strukturalizmust idéző hűségkritikai skatulyák ellenében, illetve az értékelven alapuló adaptációelméleti és -kritikai rendszer alternatívájaként egy rugalmasabb keretet igyekeztem kidolgozni, mely adott adaptációs helyzetekre alkalmazva az adott textuális és intertextuális körülményeket a legmesszebbmenőkig figyelembe veszi

A kiindulási pont az anamorfózis fogalma, mely egy olyan képi jelenség, aminek hatására a kép mintegy „kifordul önmagából", vagyis a kép Szimbolikus strukturálódásában egy pont válik kísérteties tárggyá, testté, jelenéssé, amelyen keresztül a képen túli Valós vésődik be a látómezőbe. Másképpen fogalmazva, a kép, az észlelt „valóság" kellős közepébe egy traumatikus mag inkorporálódik, mely természeténél fogva nyelvileg megragadhatatlan, tehát ellenáll mindenféle szimbolizációs kísérletnek. A képbe ez a pont Képzetes tárgyként (*objet petit a*) idomul egyszerre elfedve és előtérbe helyezve azt a hiányt, mely a kép strukturáló középpontja. Ez a tekintet *mint* tárgy, azaz *objet petit a*, mely a szubjektum látómezejét a vágy tárgyi okaként szerkeszti. Mivel a kísérteties tárgy csupán strukturális pozíciója révén ölti magára nevezetes funkcióját, így nehezen vehető észre, bár kétségtelenül egyfajta feszültséget és bizonytalanságot indukál a néző szubjektumban. A képben örömét lelő szubjektum a tudatos szintjén azt érzékeli tehát, hogy az, amit lát, valóban az, amit látni akar, vagyis percepciója biztosítja a látás vágyának kielégülését. A tekintet fogalma Lacan elméletében azonban éppen arra hívja fel a figyelmet, hogy a szubjektum sohasem azt látja, amit (tudatosan) akar, hiszen ezen vágya, és így tudatos észlelési mechanizmusai is egy előidejű tekintet által kiváltott késztetések csupán. A szubjektum így már azelőtt része a képnek, mielőtt azt megpillantotta volna.

Az anamorfózis pillanata tehát egy olyan képi pontra hívja fel az értelmező figyelmét, mely valamiképpen nem odaillő, vagyis „kilóg" a reprezentációból. A csontváz éppen ilyen tárgy: eredete heterogén az őt körülölelő képhez viszonyítva. Ez egy hiányra, illetve egy hasadásra utal, minthogy az *objet petit a* jelenléte eleve, *per definitionem* egy hiány elfedése. Ez a hiány vagy hasadás a film szövegének strukturáló pontja és traumatikus magja is egyben, mely egy áthágási aktus, vagyis maga az adaptáció folyamatának a hozadéka. A csontváz tehát egy olyan jelenség, melynek eredete nem lokalizálható sem a filmben, amelyben megjelenik, sem pedig a drámában, hiszen ott meg sem jelenik. A két szöveg, sőt, a két médium közötti térből származik, és az ott végbement áthágás hozadéka, képi vagy Képzetes többlete. Jelenléte tehát kettős jelentőséggel bír. Először is nyilvánvaló referenciája a diegézisben eleve elveszett testként meg sem jelenő, de megidézett testnek, mint arra elemzésemben rámutattam. Másik szerepe azonban túllép a film szövegén belüli strukturális pozíción: a dráma és a film mediális különbségeiből táplálkozó jelenség, mely az adaptációban létrejövő mediális törés küldötte.

Az anamorfózis és a tekintet elméleti és gyakorlati alkalmazása a csontváz jelenségével kapcsolatosan így vezet el Ábrahám Miklós fantomelméletéhez: hiszen a jelenés eredete nem a vizuális tér, amiben megjelenik, és a fantom pontosan ennek a leírásnak felel meg. Lacan elméleti keretében ilyen formáció nem létezik, illetve a formáció eredete lokalizálható kell, hogy legyen saját környezetében. Ábrahám transzgenerációs elgondolása azonban a kísérteties jelenség elemzési lehetőségének új dimenzióját nyitja meg. Ennek érdekében arra vállalkoztam, hogy a fantom ábrahámi definícióját a nyelvi jelenségen túl, a vizuális tér elemzésére is alkalmas fogalommá bővítsem. Ez egy összetett reprezentációelmélet lehetőségét veti fel, melyben a specifikusan fantomi logika érvényesül: azért mutat valamit, hogy valami mást hatékonyabban elrejtsen. A *Múlt nyáron, hirtelen* című film erre a rejtett logikára világít rá.

A csontváz megjelenését tehát a fantom logikájának tükrében vizsgáltam, miszerint a láthatóban (vagyis a burokban) mindig ott van a láthatatlan (vagyis a burok által elfedett mag). A csontváz mint látható tehát egy láthatatlan test reprezentációja: önmagában, vizuális és kísérteties jellege miatt egy *spektrális test*. Ez a *spektrális test* az adaptáció metaforájaként is elképzelhető: egy olyan köztes testről van szó, mely nem látható, mégis jelen van, nem irodalom, nem is film, hanem a kettő között van, sőt mindkettőben *jelen* van akár kísérteties jelenésként, akár radikális hiányként. A csontváz *mint* spektrális test tehát a mediális törés *megtestesülése*.

A spektrális test megjelenése a „kérdező szöveg" létrejöttét is jelenti – s a néző számára talán ez a legnyilvánvalóbb aspektusa a jelenésnek, mely egyben a legnyugtalanítóbb is. A csontváz mint olyan, ugyanis az a radikálisan szubjektív nézőpont, mely a dráma szövegébe az adaptáció folyamatán ékelődik, vésődik be, így biztosítva a drámából az elbeszélés felé az átmenetet. A jelenés kibillenti a nézőt értelmezői pozíciójából, hiszen konfrontatív módon, közvetlenül szólítja meg, kérdést intéz hozzá („Mi ez? Mit akar tőlem?"). Derrida szerint a néző az utolsó, aki még láthat fantomot, és éppen ezért nem szabad elszalasztani annak lehetőségét, hogy beszéljen hozzá, válaszoljon – csakis így szüntethető meg a kísérteties hatás és a nézőt nyugtalanító érzés: az az érzés, amely a fantom által átörökíteni kívánt titok hatása. A *Múlt nyáron, hirtelen* esetében, de a Williams-drámák filmadaptációinak esetében általában is, ez a titok maga a mediális törés, mely a jelenésen keresztül ér el a nézőhöz. Ha a néző ezt észreveszi, és megpróbál válaszokat megfogalmazni, akkor valójában a dráma és a film dialógusát teremti meg. Ha ezt a lehetőséget elmulasztja, akkor a kísérteties hatás megmarad, és a törést a fantom sikeresen rejti el.

Bár a fenti okfejtés – mely argumentumom vázlatos összefoglalója csupán – hangvétele látszólag elrugaszkodik a gyakorlat talajáról, tanulmányomban az elméleti részt konkrét példák felmutatásával folytattam. Először is rámutattam témaválasztásom relevanciájára, megindokolva azt, hogy vizsgálatomnak középpontjában miért Tennessee Williams áll. Ezt követően két markáns példát emeltem ki a *Múlt nyáron, hirtelen* drámai és filmi szövegeiből: egy vizuális és egy verbális példát. A vizuális példa a már emlegetett csontváz volt, melynek szerepét először a film struktúrájában, majd az intermediális tér kontextusában vizsgáltam. Itt bebizonyítottam, hogy a jelenés eredete nem a dráma, és nem is a film, hanem az adaptáció folyamatában képződött mediális törés. A csontváz tulajdonképpen az a „villámfény", amelyre Foucault utal áthágásról írott esszéjében, vagyis az áthágási aktus többlete, vizuális hozadéka. A csontváz megjelenésének elemzésében utalok az inkorporáció fogalmára is, mely középponti szerepet tölt be mindkét példám értelmezésében, és amely megalapozza az intermedialitás természetének feltérképezését is.

Az inkorporációs fantázia hozza létre a megőrző elfojtás révén azt a törést, melynek tárgyiasulása a fantom. Ábrahám ezen – klinikai gyakorlaton alapuló – elméleti meglátását az adaptáció elméletére alkalmazva rámutatok arra, hogy a filmben több szinten is megjelenő inkorporáció egy olyan törésre utal, melynek megtestesülése a csontváz, amely viszont a film és a dráma szövegein túlra mutat. Ez a dialogikus kontextus teszi lehetővé a verbális példa értelmezését. Olyan verbális megnyilvánulást vizsgáltam, amely a dráma szövegében túlzottan is hangsúlyos, azonban a filmből hiányzik. Ezen a hiányon keresztül mutattam meg, mit értek radikális hiányon: a mondat hiánya egy ugró vágásként (*jump cut*) van jelen, vagyis úgy van ott, hogy nem hangzik el. Egyrészt ez a Lacan által definiált hang *mint* tárgy fogalma (ami az a hang, amit nem hallunk), másrészt pedig éppen a jelenlévő hiány minőségében ölt kísérteties jelleget. A kérdéses mondatot, illetve annak leghangsúlyosabb szavát (mely explicite egy homoszexuális allúzió), etimológiailag vizsgáltam, melynek eredménye egy addig kimondhatatlan, majdhogynem tökéletesen elfedett traumatikus titkot fedett fel. Ezt az elhallgatott történettöredéket visszahelyeztem a film *happy end*jébe, amely így ugyanolyan elfedési mechanizmussá vált, mint ahogyan maga az inkorporáló mondat, vagy a csontváz figurája is.

Itt nyilvánvalóan nem arról van szó, hogy a vizsgált szó (*procure*) vagy mondat inkorporált tartalma maga a mediális törés titka lenne. Az inkorporált titok ugyanis az egyik karakter, Catherine titka, azonban a titok elfedési mechanizmusa, és az elfedés strukturális szerepe a szövegeken belül a két szöveg között egy olyan dialógust indít be, melynek kohéziós ereje a mediális törés. Hasonlóképpen, a csontváz jelenléte sem közvetlenül utal a mediális törésre, hiszen ez a fantomi logikának mondana ellent. A csontváz is éppen a szövegben elfoglalt pozícióján keresztül válik kísérteteiessé (mint egy szó szerint inkorporált test maradéka), mely megfoghatatlan eredete révén utal az adaptáció áthágási aktusára, az intermediális térre, illetve a mediális törésre.

Tanulmányomat ezt követően Tennessee Williams filmadaptációinak tematikus vizsgálataival folytattam, melynek során a kiválasztott drámákat és intertextuális, illetve intermediális kapcsolataikat az adaptációs stratégiában fellelhető hasonlóságok alapján csoportosítottam. Az első csoportba azokat az adaptációs eseteket válogattam, amelyek protodramatikus trauma, a szereplők viszonyrendszere, a topografikus szerkesztés és elhelyezkedés, illetve a diegetikus térkezelés szempontjából hasonlóságokat mutatnak. Így került egyazon adaptációs stratégiával jellemezhető csoportba *A vágy villamosa*, a *Macska a forró bádogtetőn*, *Az ifjúság édes madara* és *Az iguána éjszakája*. Folytatva a *Múlt nyáron, hirtelen* vizsgálatában kialakított interpretációs gyakorlatot, mind a négy adaptációban megkerestem a mediális törés megnyilvánulásait a vizuális reprezentáció, illetve a verbalitás szintjein, majd ezek összekapcsolásával mutattam rá az intermediális dialógus lehetőségére. Az alapvető eljárás az adaptációk tekintetében az elfedés mechanizmusának feltérképezéséhez kapcsolódik, melynek során a filmkészítők a drámában, illetve más szövegi kapcsolódásokban egyértelműen, esetenként kifejezetten explicit módon megjelenő homoszexuális kapcsolatokat a karakterháló minimális átalakításával (motivációk, előtörténetek megváltoztatása, elhagyása, felülírása) a klasszikus hollywoodi elbeszélőfilm kliséjének megfelelő módon heteroszexuális románccá alakították. Ezek az elfedések azonban mind verbális, mind pedig reprezentációs szinten nyomot hagytak maguk után, amelyek vizsgálata az adaptációban implicit vagy explicit módon résztvevő intertextusok dialógusában nyilvánul meg.

A vágy villamosa a cselekmény középpontjában álló, Blanche DuBois által előadott monológban változtatja meg a cenzúra hatására a visszaemlékezés logikai menetét, amely így megmagyarázhatatlanná válik – pontosabban a magyarázatot az intertextus és az intermediális dialógus nyújtja: Allan Grey homoszexualitásának bagatellizálásával (tudniillik azért nem tudott megtartani egy állást sem, mert gyenge volt, és így Blanche undorodott tőle mint férfitől) és a monológ térbeli elhelyezésével a filmkészítők a drámai cselekményre és környezetre utalnak, mindezt pedig a narratív nézőpont, a Valós tekintet, Allan hiányzó karakterével történő azonosításával oldják meg. A jelenet egyértelmű „hibája" ezúttal nem *jump cut*, nem egy formai hiba, amely minden kétséget kizáróan felhívná a figyelmet a mediális törés jelenlétére, hanem egy összetett szimbolikus játékban megnyilvánuló kifejezésmód megteremtése, amely strukturálisan (mind szöveg, mind pedig topográfia tekintetében) megfeleltethető a *Múlt nyáron, hirtelen* esetében feltárt stratégiával.

A *Macska a forró bádogtetőn* a protodramatikus traumát a drámai szöveg szöges ellentéteként mutatja be, hiszen a kérdéses jelenet inverzét kapja a néző: logikailag azonban ebben az esetben is értelmezési problémát generál a kulcsjelenet, amely ráadásul Big Daddy, a hazugságok hálójának nagy tudója (és részben működtetője) tekintetétől övezve adaptálódik – az eddigiekhez hasonlóan a diegetikus tér privát, zárt jellege nyilvánossá válik, a belépő narratív tekintet pedig a diegetikus topográfia szervező erejévé válik. A háromszög alakzatba rendezhető kapcsolatok rávilágítanak az elfedett tartalom vágy-szerkezetére, amely a cselekményt és ideológiai szinten magát az adaptációs stratégiát is meghatározza: a rendező, Richard Brooks tulajdonképpen a történet melodramatizálását hajtotta végre úgy, hogy mindeközben vizuális és akuzmatikus jeleket illesztett be a klasszikus elbeszélői film formanyelvi kelléktárának segítségével – vagyis a hollywoodi elbeszélés önnön szubverziójává vált. A zenei motívumok és a képi keretezés összehangolásának módszerével Brooks sikeresen kommunikálja az elfojtott cselekményt, felülírva a heteroszexuális románcot, amely a narratív lezárás ígéretét adja a nézőnek.

Az ifjúság édes madara azért bizonyult különösen érdekes esetnek, mert az adaptáció forgatókönyvírója és rendezője megegyezik a *Macska a forró bádogtetőn* rendezőjével, ami a film első képkockáitól kezdve egyértelművé is válik a vizuális világ kompozíciójából és a történetvezetés megoldásaiból. Ennek fényében az adaptáció azon aspektusára koncentráltam, amelyben nem csupán a dráma szövege, de Richard Brooks előző Williams-adaptációja is explicit módon jelent meg és beazonosítható jelek alapján befolyásolta az adaptációs stratégiát – ahogyan azt néhány kritikus meg is jegyezte, a filmnek több köze van a *Macska a forró bádogtetőn* filmváltozatához, mint magához a forrásként megjelölt drámához. A mediális törést itt a főcím szekvenciájában demetaforizált jelenléttéjelenséggé, illetve aktualizált egységgé váló címbéli madár túlzott jelenlétében lokalizáltam elsősorban, amely a film integrálatlan részeként, heterogén fenoménjaként hívja fel magára a figyelmet. Ezt követően a *Múlt nyáron, hirtelen* esetében megismert elfedési technika reprezentációs mechanizmusára koncentráltam, és azonosítottam a nevek által kriptonimikusan hordozott fantomogén tartalmakat, amelyek a *Macska a forró bádogtetőn* esetében már vizsgált melodramatizált történetvezetést fordítják ki önmagából. A szubverzív jelölők így felmutatják azt az alternatív értelmezést, amelynek kiindulópontjai az adaptációban a mediális törés manifesztációiként, *objet petit a*-ként nyilvánulnak meg.

Az alfejezetet záró elemzés *Az iguána éjszakája* esetét tárta fel, ahol – *Az ifjúság édes madara* adaptációs technikájához hasonlóan – a drámából néhány hanghatástól eltekintve teljes mértékben hiányzó iguána az adaptációban túlzott jelenlétként manifesztálódik: az így képződő, excesszív jelenlét által létrehozott mediális törésen keresztül nyílt lehetőség az intermediális dialógusra. A dialogikus interpretáció ezúttal filmtörténeti, narratív és dramatikus intertextualitásra támaszkodva – illetve ezeket a kapcsolatokat aktivizálva – ásta elő az elfedések alól a filmben elrejtett és fantomogén módon védett traumatikus tartalmat. A kísértet, illetve fantom (*spook*), amely a főhős, Shannon karakterének mozgatórugója, tulajdonképpen diegetikus eredet nélkül jelenik meg a filmben, hasonlóképpen a tanulmányban kiindulópontként felhasznált csontváz alakjához – ehelyütt azonban a kísérteties jelenlét a címbéli iguána metonimikus figuráján keresztül válik az *objet petit a* aktualizált egységévé. A diegetikus tér felépítése ennek megfelelően a tekintet illékony és megfoghatatlan forrásaként pozícionálja az enigmatikus karaktert, ez pedig megfelel az előzőekben vizsgált adaptációk azonos funkciójú, a mediális törésvonalon található entitásainak.

A következő alfejezetben, a *Baby Doll* és az *Üvegfigurák* kapcsán az intermediális dialógus vizsgálatában arra koncentráltam, hogy rámutassak, mily módon lehetetleníti el a két film intertextuális hálózata a hűségkritika összehasonlításon és összevetésen alapuló metodológiáját. Az elemzésekben kiemelten olyan szövegi és mediális kapcsolatokra hívtam fel a figyelmet, amelyek bonyolult láncolata egyértelművé tette, hogy az adaptáció csupán egy pontja az intermediális szöveguniverzumoknak, ám korántsem végpontja vagy olyan pontja, amely kizárólagosan másik pontból táplálkozik: a dialogizmus elvének megfelelően itt arról van szó, hogy a különböző mediális instanciák egymással szoros összefüggésben tartják fenn a Szimbolikus jelentésmezőt.

A *Baby Doll* vizsgálatában kiemelten fontos tényezőnek tartottam az adaptáció létrejöttéhez hozzájáruló szövegek és szövegverziók keletkezésének követését, hiszen ez a kérdés alapvetően befolyásolja a dialogikus szerveződést. Figyelembe kell venni ugyanis, hogy a hivatalosan az adaptáció alapjául szolgáló színmű már eleve forgatókönyvnek készült, és két korábbi novellából adaptálva alakult ki az a cselekmény, amely a filmes megvalósításra tett kísérletek meghiúsulását követően végül drámai műként jelent meg (egyébként *Aranybogár* címen). Csak ezt követően készült el a film, mégpedig ennek az intertextuális keveréknek egy sajátos feldolgozásaként: sok tekintetben a rendező, Elia Kazan kézjegyeit viseli magán, másrészt pedig az amerikai Dél kortárs irodalmának jellegzetes nyomai lelhetők fel benne, amely aspektus egy új dimenzióját mutatja meg az intermediális dialógus által generált interpretációs lehetőségeknek.

Az *Üvegfigurák*, amely irodalomtörténeti szempontból Williams egyik legfontosabb sikerének számít, igen előremutató mediális kérdéseket feszeget azáltal, hogy a dráma szövege önnön reprezentációs mechanizmusába kódolja a filmes technológiát, amelyhez hozzáadódik a szokatlan narrátori szerepkör is, intermediális sokszínűséggel gazdagítva az emlékjátékot, amely így tulajdonképpen Tom Wingfield *flashback*jeként működik már a színpadon is. A mediális törés ebben az esetben tehát nyilvánvalóan nem csupán a filmadaptációban lokalizálható, hanem inherens része már az adaptálandó szövegnek is. Ha úgy tetszik, az *Üvegfigurák* szövege eleve úgy strukturálódik, hogy kondicionálja önnön adaptációját, amely meglátásban tulajdonképpen Keir Elam azon, az elméleti részben tárgyalt kijelentését láthatjuk filmre fordítva megjelenni, mely szerint a dráma szövege a színpadi előadás lehetőségei által kondicionáltak.

A Williams-adaptációkkal foglalkozó alfejezetek lezárásaként tárgyalt *Tavasz Rómában* egyfajta kitekintés az adaptáció kritikai és elméleti aspektusára nézvést, hiszen az eddigi elemzésektől eltérően a narratív kapcsolat révén egy elbeszélő alapokon nyugvó filmadaptációt vizsgáltam Williams kisregénye kapcsán. Így éppen azon adaptációs kérdést boncolgattam a drámák és adaptációik intermediális dialógusából levont következtetések mentén, amely alapján a kortárs adaptációelmélet a regényt tartja a leginkább alkalmas táptalajnak filmadaptációk tekintetében. A vizsgálat arra irányult, hogy megmutassa a mediális törést, és ezen keresztül fejtse fel az adaptáció stratégiáját, amelynek során egyértelművé vált, hogy korántsem a narratív közösség határozza meg a film diegetikus felépítményét. A film olyan vizuális megoldásokat alkalmaz, főképpen a film-a-filmben jelenet során, amely túlmutat az összehasonlítás-összevetés metodológiáján, és önreflexív, metatextuális jegyek segítségével megnyitja az intermediális dialógus előtt az utat – annál is inkább, mert számos jelenet utal arra, hogy más, drámákkal kapcsolatos Williams-adaptációkban látott megoldásokat alkalmaztak a *Tavasz Rómában* készítői. A mediális törés és az ebből táplálkozó intermediális dialógus feltérképezésével azt igyekeztem bizonyítani ebben a fejezetben, hogy a narratív közösség csupán elfedi azokat a mediális különbségeket, amelyek éppoly problematikussá teszik egy elbeszélés – lett légyen az regény vagy novella – filmre vitelét, mint amennyire a dráma adaptációja lehet.

Az intermediális dialógus eredményeként a dráma és film adaptációs stratégiájának vonatkozásában a vizsgálatok alapján kirajzolódik egy olyan alakzat, amely úgy tűnik, alapvető struktúrát biztosít a Williams-adaptációkhoz. Első szinten a drámákban fellelhető karakterek kapcsolatrendszerében található meg az a háromszög struktúra, amely bár hasonlatos a klasszikus, ödipális struktúrán nyugvó szerelmi háromszögekhez, ám jelentős eltérés, hogy Williamsnél minden esetben egy hiányzó karakter kapcsolja össze a két jelenlévőt, akik viszont valamiképpen éppen a hiány által kötődnek egymáshoz:

hiányzó karakter

női karakter   férfi karakter

Ez az alakzat aztán érdekes permutációkban fordul elő, és kimondható, hogy alapvetően meghatározza az egyes adaptációk tematikai és térszerkezeti felépítését is. A diegetikus tér vizsgálata, amelyben a traumatikus tartalmak vallomásszerű megjelenésére koncentráltam, egyértelműen egy adaptációkon átívelő vizuális megoldást mutatott ki, amely így a Williams-adaptációk topografikus szerkezetét adja: a kapcsolati háromszög hiányzó karaktere dominálja ezeket a tereket illékony, spektrális testként, így a Valós diegézisben észlelhető betüremkedéseként, egyfajta excesszív, oda nem illő jelenlétként, a filmbéli nézőpont, vagyis a kamera pozícióját elfoglalva és így olyan beállításokat generálva, melyek rendszerint egy verandán vagy teraszon elhelyezve keretezik a traumatikus tartalmak felfedését. A traumák felidézését így a hiányzó karakter tekintetétől övezve az a két karakter végzi, akik éppen a hiány és a hozzá kapcsolódó traumatikus tartalom ürügyén kötődnek egymáshoz.

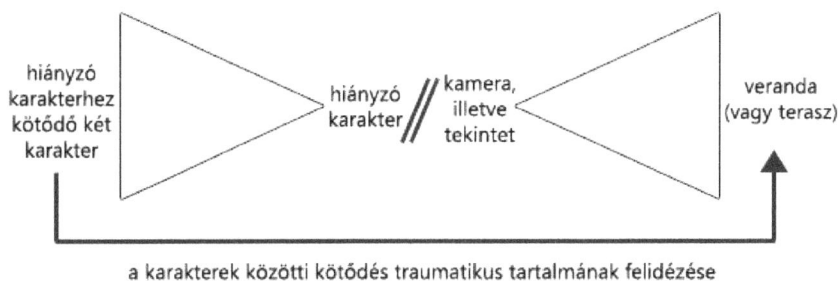

a karakterek közötti kötődés traumatikus tartalmának felidézése

Ez az a szerkezeti felépítés, amely kisebb-nagyobb variációkkal, ám majdnem minden Williams-adaptációban megtalálható, mint a diegézis alapvető szervező ereje. Ebben a vonatkozásában ez a struktúra a Williams *oeuvre* intermediális dialógusának a modellje, amely jól láthatóan a mediális törés köré szerveződve határozza meg az egyes diegetikus aktualizációkat.

Tennessee Williams Hollywoodba ment, és így az adaptáció szimbólumává, vagy mondhatni ikonjává vált. Williams szerzői személyessége maga a dráma és film közötti dialógus lehetősége, ami a két médium alapvető különbségeire, illetve a különbségekből táplálkozó jelenségekre hívja fel a figyelmet. Az egyik adaptációs folyamatban létrejött formáció, nevezetesen egy csontváz jelensége furcsamód éppen az adaptáció elméletének demetaforizált megtestesülése, mely így nem csupán gyakorlati, kritikai, illetve elemzési, de elméleti implikációkkal is bír. Tanulmányom célkitűzése az volt, hogy megkísérelje meghaladni a hűségkritika ma is előszeretettel alkalmazott metodológiáját, és valós, használható alternatívát nyújtson drámák és filmadaptációik vizsgálatához, mely a kortárs irodalom- és filmelméletnek egy meglehetősen elhanyagolt és problémamentesnek nyilvánított területét jelenti. A két médium között feszülő mediális törés előtérbe helyezésével egy olyan dialógus lehetőségét vázoltam fel egy intermediális térben, amely az adaptáció kérdését a fantomi logika tükrében világítja meg, és amely a két alapvetően különböző médium szövegeinek értelmezésében új lehetőségeket nyit meg.

BIBLIOGRÁFIA

TENNESSEE WILLIAMS

Williams, Tennessee (1962). *A Streetcar Named Desire and Other Plays.* Harmondsworth: Penguin.

Williams, Tennessee (1968). *Baby Doll, Something Unspoken, Suddenly Last Summer.* Harmondsworth: Penguin.

Williams, Tennessee (1976). *Cat on a Hot Tin Roof and Other Plays.* Harmondsworth: Penguin.

Williams, Tennessee (1986). *Collected Stories.* New York: Ballantine Books.

Williams, Tennessee (2001). *Drámák.* Budapest: Európa.

FILMADAPTÁCIÓK

Brooks, Richard (1962). *Az ifjúság édes madara. (Sweet Bird of Youth)* Írta: Richard Brooks. Metro-Goldwyn-Mayer.

Brooks, Richard (1958). *Macska a forró bádogtetőn. (Cat on a Hot Tin Roof)* Írta: Richard Brooks. Metro-Goldwyn-Mayer.

Huston, John (1964). *The Night of the Iguana.* Írta: Anthony Veiller. Metro-Goldwyn-Mayer.

Kazan, Elia (1951). *A vágy villamosa. (A Streetcar Named Desire)* Írta: Tennessee Williams és Oscar Saul. Warner Brothers.

Kazan, Elia (1956). *Baby Doll.* Írta: Tennessee Williams. Warner Brothers.

Mankiewicz, Joseph L. (1959). *Múlt nyáron, hirtelen*. (*Suddenly Last Summer*) Írta: Tennessee Williams és Gore Vidal. Columbia Pictures.

Quintero, José (1961). *Tavasz Rómában*. (*The Roman Spring of Mrs. Stone*) Írta: Gavin Lambert és Jan Read. Warner Brothers.

Rapper, Irving (1950). *Üvegfigurák*. (*The Glass Menagerie*) Írta: Peter Berneis. Warner Brothers.

SZAKIRODALOM

Ábrahám Miklós (1998). „A burok és a mag," (ford. Nádasdy Nóra) in Bókay Antal és Erős Ferenc (szerk.). *Pszichoanalízis és irodalomtudomány*. Budapest: Filum, 298-312.

Ábrahám Miklós (2001). „Feljegyzések a fantomról – Freud metapszichológiájának kiegészítése" (ford. Hárs György Péter és Pándy Gabi), in Erős Ferenc és Ritter Andrea (szerk.). *A megtalált nyelv*. Budapest: Új Mandátum, 66-70.

Ábrahám Miklós és Török Mária (1998a). „A valóság topográfiája: vázlat a titok metapszichológiájáról" (ford. Erős Ferenc és Miklós Barbara), in *Thalassa*. Vol. 9., Nos. 2-3. (1998), 146-151.

Ábrahám Miklós és Török, Mária (1998b). „Gyász vagy melankólia: introjekció *versus* inkorporáció" (ford. Erős Ferenc és Miklós Barbara), in *Thalassa* Vol. 9. Nos. 2-3. (1998), 131-145.

Ábrahám Miklós [Nicolas Abraham] és Török Mária [Maria Torok] (1986). *The Wolf Man's Magic Word: A Cryptonymy*. Minneapolis: University of Minnesota Press.

Adams, Parveen (1996). *The Emptiness of the Image*. London: Routledge.

Aragay, Mireia (2005). „Reflection to Refraction: Adaptation Theory Then and Now," in uő. (szerk.). *Books in Motion: Adaptation, Intertextuality, Authorship*. Amsterdam: Rodopi, 11-34.

Aragay, Mireia (szerk.) (2005). *Books in Motion: Adaptation, Intertextuality, Authorship*. Amsterdam: Rodopi.

Bahtyin, Mihail Mihajlovics (1976). *A szó esztétikája. Válogatott tanulmányok*. (ford. Könczöl Csaba és Kőrösi József) Budapest: Gondolat.

Barna Zsanett (2005). „'How to Let the Cat Out of the Bag?': Non-Diegetic Music in *Cat on a Hot Tin Roof*", in *AMERICANA – E-Journal of American Studies in Hungary*, Vol. I., No. 1., Fall 2005. Elérés: http://primus.arts.u-szeged.hu/american/americana/vol1no1/barna.htm. Hozzáférés dátuma: 2010. június 28.

Bazin, André (1995). *Mi a film?* (ford. Ádám Péter és mások) Budapest: Osiris.

Báron György (2004). „Alászállás az alvilágba. A vertikális mozgások jelentősége Hitchcock *Psychó*jában", in *Metropolis* 2004/1., 18-42.

Belsey, Catherine (1980). *Critical Practice.* London: Routledge.

Benjamin, Walter (1968). *Illuminations.* (ford. Harry Zohn) New York: Schocken Books.

Benjamin, Walter (2000). *One Way Street and Other Writings.* (ford. Edmund Jephcott és Kingsley Shorter) London: Verso.

Benvenuto, Bice és Kennedy, Roger (1986). *The Works of Jacques Lacan.* London: Free Association Books.

Bigsby, C. W. E. (1999). "Entering *The Glass Menagerie*," in Matthew C. Roudané (szerk.). *The Cambridge Companion to Tennessee Williams.* Cambridge: Cambridge University Press, 29-44.

Bluestone, George (1966) [1957]. *Novels into Film.* Berkeley és Los Angeles: University of California Press.

Booth, Wayne C. (1961). *The Rhetoric of Fiction.* Chicago: The University of Chicago Press.

Bókay Antal és Erős Ferenc (szerk.) (1998). *Pszichoanalízis és irodalomtudomány.* Budapest: Filum.

Brandt, George W. (szerk.) (1998). *Modern Theories of Drama.* Oxford: Clarendon.

Brandt, George W. (1967). „Cinematic Structure in the Work of Tennessee Williams", in John Russel Brown és Bernard Harris (szerk.) *American Theater.* Stratford-Upon-Avon Studies 10. London: Edward Arnold, 163-187.

Braudy, Leo és Cohen, Marshall (szerk.) (1992). *Film Theory and Criticism: Introductory Readings.* (Negyedik kiadás) New York: Oxford University Press.

Brook, Peter (2000). *Változó nézőpont.* (ford. Dobos Mária) Budapest: Orpheusz.

Brown, John Russel és Harris, Bernard (szerk.) (1967). *American Theater.* Stratford-Upon-Avon Studies 10. London: Edward Arnold.

Carlson, Marvin (1998). „Psychic Polyphony," in Brandt, George W. (szerk.) *Modern Theories of Drama.* Oxford: Clarendon, 288-298.

Cartmell, Deborah (1999). "Text to Screen: Introduction", in Deborah Cartmell és Imelda Whelehan (szerk.) *Adaptations: From Text to Screen, Screen to Text.* London and New York: Routledge, 23-8.

Cartmell, Deborah és Imelda Whelehan (szerk.) (1999). *Adaptations: From Text to Screen, Screen to Text.* London and New York: Routledge.

Casetti, Francesco (1998). *Filmelméletek. 1945-1990.* (ford. Dobolán Katalin) Budapest: Osiris.

Clum, John M. (1997). „The Sacrificial Stud and the Fugitive Female in

Suddenly Last Summer, Orpheus Descending, and *Sweet Bird of Youth*", in Matthew C. Roudané (szerk.) *The Cambridge Companion to Tennessee Williams.* Cambridge: Cambridge University Press, 128-146.

Cohen, Keith (1979). *Film and Literature: The Dynamics of Exchange.* New Haven: Yale University Press.

Corber, Robert J. (1997). *Homosexuality in Cold War America. Resistance and the Crisis of Masculinity.* Durham and London: Duke University Press.

Crandell, George W. (1998). „The Cinematic Eye in Tennessee Williams's *The Glass Menagerie*", in *The Tennessee Williams Annual Review*, 1-11.

Cristian Réka M. és Dragon Zoltán (2008). *Encounters of the Filmic Kind: Guidebook to Film Theories.* Szeged: JATEPress.

Cristian Réka M. (2001). *Interface Semiotics in the Dramaturgy of Tennessee Williams and Edward Albee.* Kiadatlan PhD disszertáció. Szeged.

Cristian Réka M. (2007). „*The Roman Spring of Mrs. Stone*: Auteurship in Tennessee Williams's Novel Adaptations", in *B.A.S. – British and American Studies*, Vol. XIII. Timisoara: Editura Universitatii de Vest, 87-96.

Davis, Robert Con és Schleifer, Ronald (szerk.) (1989). *Contemporary Literary Criticism.* New York: Longman.

D. Diós István. *A szentek élete.* Budapest: Szt. István Társ., 1984.

Derrida, Jacques (1995). *Marx kísértetei.* (ford. Boros János, Csordás Gábor, Orbán Jolán) Pécs: Jelenkor.

Domonkos Péter (2010). „Bevezetés a filmadaptáció-szakirodalom kánonjába", in *Filmspirál 34.* Elérés: http://www.filmkultura.hu/spiral/cikk_reszletek.php?cikk_azon=248. Hozzáférés dátuma: 2010. július 24.

Dragon Zoltán (2008). „The Disappearing Body: The Unrepresentable Carnality in Joseph L. Mankiewicz's *Suddenly Last Summer*", in Kiss Attila és Szőnyi György E. (szerk.). *The Iconology of Gender II: Gendered Representations in Cultural Practices.* Szeged: JATEPress, 179-184.

Dragon Zoltán (2006). *The Spectral Body: Aspects of the Cinematic Oeuvre of István Szabó.* Newcastle: Cambridge Scholars Press.

Elam, Keir (1980). *The Semiotics of Theatre and Drama.* London: Methuen.

Erős Ferenc és Ritter Andrea (szerk.) (2001). *A megtalált nyelv.* Budapest: Új Mandátum.

Esslin, Martin (1998). *A dráma vetületei: hogyan hoznak létre jelentést a dráma jelei a színpadon és a filmvásznon, avagy a képernyőn.* (ford. Kürtösi Katalin és mások) Szeged: JATE Press.

Fassbinder, Rainer Werner (1992). „Preliminary Remarks on *Querelle*" (ford. Krishna Winston), in Michael Töteberg és Leo A. Lensing (szerk.). *The Anarchy of the Imagination.* Baltimore: The Johns Hopkins University Press, 168-170.

Ferenczi Sándor (1997). *Katasztrófák a nemi működésben.* (ford. Kovács

Frigyesné) Budapest: Filum.

Foucault, Michel (1996). „Előszó az áthágáshoz," (ford. Kutor Tünde) in *Pompeji*, Vol. VII. No. 2., 7-26.

Foucault, Michel (1999). „Mi a szerző?" (ford. Erős Ferenc és Kicsák Lóránt), in uő: *Nyelv a végtelenhez*. (szerk. Sutyák Tibor). Debrecen: Latin Betűk, 119-146.

Freedman, Barbara (1991). *Staging the Gaze: Postmodernism, Psychoanalysis, and Shakespearean Comedy.* Ithaca and London: Cornell University Press.

Freud, Sigmund (2001). „A kísérteties," in *Művészeti írások* (ford. Bókay Antal és Erős Ferenc). Budapest: Filum, 245-281.

Gaudreault, André és Marion, Philippe (2004). „Transécriture and Narrative Mediatics: The Stakes of Intermediality" (ford. Robert Stam), in Robert Stam és Alessandra Raengo (szerk.). *A Companion to Literature and Film.* Oxford: Blackwell, 58-70.

Genette, Gérard (1996). „Transztextualitás," in *Helikon* 1996/1-2. (ford. Burján Mónika), 81-90.

Girard, René (1972). *Deceit, Desire and the Novel.* (ford. Yvonne Freccero) Baltimore: Johns Hopkins University Press.

Hanson, Ellis (szerk.) (1999). *Out Takes. Essays on Queer Theory and Film.* Durham és London: Duke University Press.

Hayman, Ronald (1993). *Tennessee Williams: Everyone Else Is an Audience.* New Haven and London: Yale University Press.

Hayward, Susan (2000). *Cinema Studies. The Key Concepts.* London: Routledge.

Horne, Peter és Lewis, Renina (szerk.) (1996). *Outlooks. Lesbian and Gay Sexualities and Visual Cultures.* London: Routledge.

Huston, John (1980). *An Open Book.* London: Columbus Books.

Jefferson, Ann és Robey, David (szerk.) (1995). *Bevezetés a modern irodalomelméletbe.* (ford. Babarczy Eszter és Beck András) Budapest: Osiris.

Kaye, Richard A. (1996). „Losing His Religion. Saint Sebastian as Contemporary Gay Martyr", in Peter Horne és Renina Lewis (szerk.). *Outlooks. Lesbian and Gay Sexualities and Visual Cultures.* London: Routledge.

Kazan, Elia (1977). *Elia Kazan: A Life.* New York: Da Capo.

Kiss Attila Attila, Kovács Sándor sk., Odorics Ferenc (szerk.) (1996). *Testes könyv I.* Szeged: Ictus-Jate.

Kiss Attila és Szőnyi György E. (szerk.) (2008). *The Iconology of Gender II: Gendered Representations in Cultural Practices.* Szeged: JATEPress.

Kristeva, Julia (1996). „A szövegstrukturálás problémája" (ford. Gyimesi Tímea), in *Helikon* 1996/1-2., 14-22.

Lacan, Jacques (1992). *Écrits: A Selection.* (ford. Alan Sheridan) London: Routledge.

Lacan, Jacques (1993). „Részletek a Hamlet-szemináriumból" (ford.

Kálmán László), in *Thalassa* Vol. 4. No. 2., 17-28.

Lacan, Jacques (1989). „Seminar on 'The Purloined Letter'," in Robert Con Davis és Ronald Schleifer (szerk.). *Contemporary Literary Criticism.* New York: Longman, 301-320.

Lacan, Jacques (1992a). „The Agency of the Letter in the Unconscious or Reason since Freud", in *Écrits: A Selection.* (ford. Alan Sheridan) London: Routledge, 146-178.

Lacan, Jacques (1992b). "The Subversion of the Subject and the Dialectic of Desire in the Freudian Unconscious," in *Écrits: A Selection.* (ford. Alan Sheridan) London: Routledge, 292-325.

Lacan, Jacques (1998). *The Four Fundamental Concepts of Psycho-analysis.* (ford. Alan Sheridan) London: Vintage.

Laplanche, Jean és Pontalis, Jean-Bertrand (1994). *A pszichoanalízis szótára.* (ford. Albert Sándor és mások) Budapest: Akadémiai Kiadó.

Mast, Gerald et alii. (szerk.) (1992). *Film Theory and Criticism.* New York: Oxford University Press.

McFarlane, Brian (1996). *Novel to Film.* Oxford: Clarendon.

Metz, Christian (1974). *Film Language: A Semiotics of the Cinema.* (ford. Michael Taylor) New York: Oxford University Press.

Metz, Christian (1982). *Psychoanalysis and Cinema. The Imaginary Signifier.* (ford. Celia Britton és mások) London: Macmillan.

Miller, D. A. (1999). „Visual Pleasure in 1959", in Ellis Hanson (szerk.). *Out Takes. Essays on Queer Theory and Film.* Durham és London: Duke University Press, 97-125.

Miller, Frank (1994). *Censored Hollywood.* Atlanta: Turner.

Mirzoeff, Nicholas (szerk.) (1998). *The Visual Culture Reader.* London: Routledge.

Mitchell, W. J. T. (1994). *Picture Theory.* Chicago: The University of Chicago Press.

Naremore, James (2000). „Film Adaptation and the Reign of Adaptation", in uő. (szerk.) *Film Adaptation.* New Jersey: Rutgers University Press, 1-16.

Naremore, James (szerk.) (2000). *Film Adaptation.* New Jersey: Rutgers University Press.

Parker, Brian (2000). „Tennessee Williams and the Legends of St. Sebastian", in *University of Toronto Quarterly* 69, Summer 2000. Elérés: http://www.utpjournals.com/product/utq/693/693_parker.html. Hozzáférés dátuma: 2003. december 12.

Palmer, R. Barton (2000). „Chance's Main Chance: Richard Brooks's *Sweet Bird of Youth*", in *The Tennessee Williams Annual Review*, 25-36.

Palmer, R. Barton (1997). „Hollywood in Crisis: Tennessee Williams and the Evolution of the Adult Film", in Matthew C. Roudané (szerk.) *The Cambridge Companion to Tennessee Williams.* Cambridge: Cambridge

University Press, 204-231.

Palmer, R. Barton és Bray, William Robert (2009). *Hollywood's Tennesse: The Williams Films and Postwar America.* Austin: University of Texas Press.

Pavis, Patrice (2003). *Előadáselemzés.* (ford. Jákfalvi Magdolna) Budapest: Balassi.

Phillips, Gene D. (1980). *The Films of Tennessee Williams.* London and Toronto: Associated University Presses.

Platón (2000). *Ión* (ford. Ritoók Zsigmond) in *Ión. Menexenosz.* Budapest: Atlantisz.

Ray, Robert B. (2000). „The Field of 'Literature and Film'," in James Naremore (szerk.). *Film Adaptation.* New Jersey: Rutgers University Press, 38-53.

Robey, David (1995). „Angolszász újkritika", (ford. Beck András) in Ann Jefferson és David Robey (szerk.). *Bevezetés a modern irodalomelméletbe.* (ford. Babarczy Eszter és Beck András) Budapest: Osiris, 83-104.

Roudané, Matthew C. (szerk.) (1997). *The Cambridge Companion to Tennessee Williams.* Cambridge: Cambridge University Press.

Roudinesco, Elizabeth (1990). *Jacques Lacan & Co. A History of Psychoanalysis in France, 1925-1985.* (ford. Jeffrey Mehlman) Chicago: The University of Chicago Press.

Royle, Nicholas (1995). *After Derrida.* Manchester: Manchester University Press.

Royle, Nicholas (2003). *Jacques Derrida.* New York: Routledge.

Sarris, Andrew (1992). „Notes on the Auteur Theory in 1962", in Leo Braudy és Marshall Cohen (szerk.). *Film Theory and Criticism: Introductory Readings.* (Negyedik kiadás) New York: Oxford University Press, 585-588.

Sedgwick, Eve Kosofsky (1985). *Between Men. English Literature and Male Homosocial Desire.* New York: Columbia University Press.

Segal, Naomi (2000). „Szerelmi háromszögek a nyolcvanas és kilencvenes években: *Végzetes vonzerő, Zongoralecke*" (ford. Borgos Anna), in *Thalassa,* Vol. 11. No. 1., 139-150.

Skeat, Walter W. (1993). *The Concise Dictionary of English Etymology.* Hertfordshire: Wordsworth.

Sontag, Susan (1992). „Film and Theatre," in Gerald Mast et alii. (szerk.) *Film Theory and Criticism.* New York: Oxford University Press, 362-374.

Stam, Robert és Raengo, Alessandra (szerk.) (2004). *A Companion to Literature and Film.* Oxford: Blackwell.

Stam, Robert (2000). „The Dialogics of Adaptation", in James Naremore (szerk.) *Film Adaptation.* New Jersey: Rutgers University Press, 54-76.

Stam, Robert (2005). *Literature through Film. Realism, Magic, and the Art of Adaptation.* Oxford: Blackwell.

Stam, Robert et alii (1992). *New Vocabularies in Film Semiotics*, London:

Routledge.

Stam, Robert (1989). *Subversive Pleasures. Bakhtin, Cultural Criticism, and Film*, Baltimore: The Johns Hopkins University Press.

Szőnyi György Endre (2004). *Pictura & Scriptura. Hagyomány alapú kulturális reprezentációk huszadik századi elméletei*. Szeged: JATEPress.

Tegyey, Imre (1992). *Latin-Magyar szótár*. Budapest, Akadémiai Kiadó.

Tischler, Nancy M. (2002). „'Tiger – Tiger!': Blanche's Rape on Screen", in Ralph F. Voss (szerk.). *Magical Muse: Millennial Essays on Tennessee Williams*. Tuscaloosa and London: The University of Alabama Press, 50-69.

Töteberg, Michael és Lensing, Leo A. (szerk.) (1992). *The Anarchy of the Imagination*. Baltimore: The Johns Hopkins University Press.

Turner, Greame (1993) [1988]. *Film as Social Practice*. London and New York: Routledge.

Voloshinov, V. N. (Mikhail Bakhtin) (1986). *Marxism and the Philosophy of Language* (ford. L. Matejka és I. R. Titunik). Cambridge, MA: Harvard University Press.

Voss, Ralph F. (szerk.) (2002). *Magical Muse: Millennial Essays on Tennessee Williams*. Tuscaloosa and London: The University of Alabama Press.

Waugh, Thomas (1998). „The Third Body: Patterns in the Construction of the Subject in Gay Male Narrative Film", in Nicholas Mirzoeff (szerk.) *The Visual Culture Reader*. London: Routledge, 431-447.

Whelehan, Imelda (1999). "Adaptations: The Contemporary Dilemmas," in Deborah Cartmell és Imelda Whelehan (szerk.). *Adaptations: From Text to Screen, Screen to Text*. London and New York: Routledge, 3-19.

Yacowar, Maurice (1977). *Tennessee Williams and Films*. New York: Frederick Ungar Publishing.

Žižek, Slavoj (1996). „A Valós melyik szubjektuma?" (ford. Csontos Szabolcs), in Kiss Attila Attila, Kovács Sándor sk., Odorics Ferenc (szerk.). *Testes könyv I*. Szeged: Ictus-Jate, 195-238.

Žižek, Slavoj (2001). *The Fright of Real Tears. Krzysztof Kieślowski Between Theory and Post-Theory*. London: British Film Institute.

Žižek, Slavoj (1989). *The Sublime Object of Ideology*. London: Verso.

Žižek, Slavoj (2000). *The Ticklish Subject. The Absent Centre of Political Ontology*. London: Verso.

FÜGGELÉK

Tennessee Williams filmográfiája

(Az International Movie Database (IMDB.com) adatbázisa alapján összeállítva. A produkciós cégek (gyártó és disztribúciós cégek) közélései alapján; nem tartalmazza a színházi felvételeket, illetve azokat a filmeket, amelyek nem rendelkeznek részletesebb filmkészítői adatokkal. A filmek címei az eredeti kiadásoknak megfelelően lettek feltüntetve.)

Orpheus Descending (2010, r: Valorie Hubbard)
The Night at Moon Lake Casino (2010, r: John Berardo)
Rain (2009, r: Eric Watson)
The Loss of a Teardrop Diamond (2008, r: Jodie Markell)
Akale (2004, r: Shyamaprasad)
The Roman Spring of Mrs. Stone (2003, r: Robert Allan Ackerman)
The Yellow Bird (2001, r: Faye Dunaway)
A Streetcar Named Desire (1995, r: Glenn Jordan)
Pokoj u trati (1994, r: Ivan Zacharias)
Suddenly, Last Summer (1993, r: Richard Eyre)
Orpheus Descending (1990, r: Peter Hall)
27 Wagons Full of Cotton (1990, r: Don Scardino)
Een vreemde liefde (1990, r: Edwin de Vries)
Sweet Bird of Youth (1989, r: Nicolas Roeg)
The Drift (1989, r: John Aes-Nihil)
Leoforeio, o Pothos (1989, r: Kostas Karagiannis)
The Glass Menagerie (1987, r: Paul Newman)
Noir et blanc (1986, r: Claire Devers)
Cat on a Hot Tin Roof (1984, r: Jack Hofsiss)
A Streetcar Named Desire (1984, r: John Erman)
Linje lusta (1981, r: Bo Widerberg)

Bourbon Street Blues (1979, r: Hans Schönherr és mások)
Cat on a Hot Tin Roof (1976, r: Robert Moore)
Eccentricities of a Nightingale (1976, r: Glenn Jordan)
Sprich zu mir wie der Regen (1976, r: Bruno Bollhalder és mások)
Hablame como la lluvia (1976, r: Alfredo Robert Díaz)
The Migrants (1974, r: Tom Gries)
The Glass Menagerie (1973, r: Anthony Harvey)
Lasinen eläintarha (1973, r: Mirjam Himberg)
Last of the Mobile Hot Shots (1969, r: Sidney Lumet)
Dragon Country (1970, r: Glenn Jordan)
Die Glasmenagerie (1969, r: Ludwig Cremer)
Glassmenasjeriet (1969, r: Sverre Udnæs)
Hilsen fra Bertha (1968, r: Jon Heggedal)
Boom! (1968, r: Joseph Losey)
Glasmenageriet (1967, r: Gunnel Broström)
CBS Playhouse: The Glass Menagerie (1966, r: Michael Elliott)
Ten Blocks on the Camino Real (1966, r: Jack Landau)
This Property Is Condemned (1966, r: Sydney Pollack)
Outoa romantiikkaa (1966, r: Jukka Sipilä)
Torakkanainen (1965, r: Verna Piponius és Lauri Ikonen)
Tervehdys Berthalta (1965, r: Verna Piponius és Jukka Sipilä)
The Night of the Iguana (1964, r: John Huston)
Lo zoo di vetro (1963, r: Vittorio Cottafavi)
Period of Adjustment (1962, r: George Roy Hill)
Sweet Bird of Youth (1962, r: Richard Brooks)
The Roman Spring of Mrs. Stone (1961, r: José Quintero)
Summer and Smoke (1961, r: Peter Glenville)
Talo määrätty hävitettäväksi (1960, r: Jukka Sipilä)
The Fugitive Kind (1960, r: Sidney Lumet)
Suddenly, Last Summer (1959, r: Joseph L. Mankiewicz)
Glasmenagerie (1958, r: Harald Braun)
Cat on a Hot Tin Roof (1958, r: Richard Brooks)
Baby Doll (1956, r: Elia Kazan)
Un tranvía llamado Deseo (1956, r: Luis Mottura)
The Rose Tattoo (1955, r: Daniel Mann)
A Streetcar Named Desire (1951, r: Elia Kazan)
The Glass Menagerie (1950, r: Irving Rapper)

A SZERZŐRŐL

Dragon Zoltán a Szegedi Tudományegyetem Amerikanisztika tanszékének oktatója. Kutatási területei a filmelmélet, a filmadaptáció, a pszichoanalízis, a digitális kultúra és elmélet. Könyvei: *The Spectral Body: Aspects of the Cinematic Oeuvre of István Szabó* (2006), *Encounters of the Filmic Kind: Guidebook to Film Theories* (Cristian Réka M.-mel közösen, 2008), Tennessee Williams Hollywoodba megy, avagy a dráma és film dialógusa (2011 – e-könyv; 2012 – nyomtatott könyv), valamint a szakdolgozati segédletként készült *A Practical Guide to Writing a Successful Thesis in the Humanities* (2012). Az *AMERICANA – E-Journal of American Studies in Hungary* folyóirat és az *AMERICANA eBooks* alapító szerkesztője.

www.ingramcontent.com/pod-product-compliance
Lightning Source LLC
Chambersburg PA
CBHW061724020426
42331CB00006B/1081